Achtsamkeit mit Strategie & Lebensfreude

Kurzweilige Experten-Tipps und Insights zum Stress abbauen, Abschalten und Runterkommen für mehr Entspannung, Bewegung, Kreativität und Freiheit

Bettina Behrens (Hrsg.)

Achtsamkeit

mit Strategie & Lebensfreude

Kurzweilige Experten-Tipps und Insights zum Stress abbauen, Abschalten und Runterkommen für mehr Entspannung, Bewegung, Kreativität und Freiheit

IMPRESSUM

Webseite: www.bettina-behrens.com
Umschlaggestaltung: Aleksandra Kovacic
Urheberrechte Einzelfotos: Die Urheberrechte sind bei dem jeweiligen Foto, Grafik oder Schaubild angegeben.

Haftungsausschluss und weitere Hinweise finden sich am Ende des Buches.

ISBN 9798377535300

VORWORT

Dieses Buch ist ein persönlicher Ratgeber für mehr Achtsamkeit und Lebensfreude. Es wurde geschrieben, um einfache und pragmatische Wege aufzuzeigen, die im Alltag unterstützen können.

Wer als Führungskraft, Angestellter, Unternehmer oder Selbstständiger täglich viele Aufgaben und Probleme erfolgreich angeht, dem fehlen oftmals die Inspiration und neue Ideen für sich selbst.

9 Expertinnen (Unternehmensberater, Coaches, Mentoren, Gesundheitsexperten, Trainer für Resilienz und Stress Prävention) haben sich hier zusammengefunden, um mit ihren Erfahrungen und ihrem Wissen möglichst viele Menschen zu unterstützen.

Auf rund 200 Seiten ist ein Experten-Buch entstanden, das in dieser Form einmalig ist. Die Leser erhalten wertvolles Wissen mit vielen Lebenserfahrungen und praktischen Beispielen. Es beginnt mit Gesundheits-Tipps für ein Leben im Gleichgewicht, geht über Spiritualität im Business, Überforderung und Burnout bis hin zu konkreten Tipps für weniger Stress und mehr Entspannung.

Viele praktische Übungen vom Einstieg ins Waldbaden, Achtsamkeitsübungen im Alltag, Elementen aus dem Embodiment sowie Tipps für Ernährung und Körper finden sich in den einzelnen Kapiteln.

Dieses Buch ist für alle Menschen geschrieben, die wenig Zeit haben, weil sie im Alltag und im Berufsleben viel gefordert werden. Gerade Unternehmer, Führungskräfte, Selbstständige, die auch in Krisenzeiten funktionieren müssen, fühlen sich innerlich oft ausgelaugt. Und auch im Privatleben stehen viele vor besonderen Herausforderungen, wie zum Beispiel in Familien, Mütter mit Doppelbelastung, Kinder mit besonderen Bedürfnissen, bei Krankheit oder Pflege. Gerade in diesen Zeiten braucht es Kraft statt Krise, praktisch statt theoretisch.

Wir wünschen allen Lesern viele interessante Anregungen, inspirierende Impulse sowie ganz viel neue Energie, damit alle gut durch ihre persönlichen Lebens-Situationen kommen.

Hat dir dieses Buch geholfen, dann freuen wir uns über eine Rezension. Empfehle dieses Buch auch gerne weiter, damit vielen Menschen geholfen werden kann!

Bielefeld, im Februar 2023

Bettina Behrens, im Namen aller Autorinnen

Inhaltsverzeichnis

Vorwort 3

Ingrid Ulbrich 7

Leben im Gleichgewicht mit 50plus 7

Dr. Dorthe Heinsohn 37

Work-Life-Dance: Was hat Spiritualität mit einem Burnout zu tun? 37

Milena Kostic 57

Müde und erschöpft? Raus aus der Überforderung – Rein ins Leben 57

Bea Pawliczak 70

Viel beschäftigt und doch Lust auf mehr Gelassenheit und LebensFreude? So hilft dir dein bestes inneres Team! 70

Katja Schüre 97

Schlaf gut! Wie dein Schlafzimmer dich glücklicher macht 97

Antje Busbach 118

Der Film deines Lebens und wie du Krisen für dich nutzen kannst! 118

Agnes Schiedt 132

Mit Achtsamkeit zu mehr Lebensfreude & Leichtigkeit: Einblicke in meine Coachingpraxis 132

Silke Rusch 161

Warum nicht mal einen Baum umarmen? Durch Waldbaden entspannen und auftanken 161

Nadine Kulaszewski 189

Gesichtlesen: die geheime Methode der Glücklichen 189

Über die Herausgeberin 206

Copyright und Haftungsausschluss 207

***Hinweis**:*

Der einfacheren Lesbarkeit halber schreiben wir hier in der männlichen Form und danken allen (m/w/d) für ihre Flexibilität.

Ingrid Ulbrich

Leben im Gleichgewicht mit 50plus

Was hat mich zu dem gemacht, was ich heute bin? Was lässt mich so denken, wie ich heute denke? Vor 30 Jahren habe ich - mit 42 Jahren- 2 Koffer mit meinen persönlichen Sachen gepackt, habe alles hinter mir gelassen, bin gegangen - ins Nirvana. Gäbe es diese schmerzhafte Lebenserfahrung, Trennung, Scheidung, Verlust von materieller Sicherheit und meinen Mut in die unbekannte Veränderung zu gehen nicht, wäre ich an meiner Weggabelung "Altes Leben - Neues Leben" vorbeigegangen.

Schaue ich mir heute das Ergebnis an und auch zurück, ist es unglaublich, was alles machbar ist. Mit Mut und Vertrauen? Nein, ich bin einfach gegangen, ohne zu wissen, was mein Lebensweg mit mir auf dem Plan hatte. 25 Ehejahre, Selbständigkeit im Sanitärbereich, Wochenendleben im Kleingartenverein hatten meinen Lebensweg gestoppt. Aber auch diese Zeit, mit all seinen Erkenntnissen und Lebenserfahrungen, ist ein Teil von mir und lässt mich mit viel Einfühlungsvermögen die Bedürfnisse meiner Kunden erkennen.

Von Anbeginn steckte ich ab jetzt mein ganzes Geld in meine Persönlichkeitsentwicklung, in neue Berufe, in meine Zukunft - ohne Plan. Dieser zeigte sich auf dem Weg! Von Beruf bin ich ja Arzthelferin im Klinikbetrieb und danach zur Erweiterung meines Fachwissens in zahlreichen, unterschiedlichen Medizinbereichen unterwegs gewesen. Nun zeigte sich wieder mein Helfersyndrom und so orientierte ich mich über Massageausbildungen, Ernährungs- und Gesundheitsberatung, Heilpraktiker-Ausbildung u.v.m. bis hin zur chinesischen Heilkunde.

Auf diesem durfte ich so viel Handwerkszeug kennen lernen, welches mich in das große Ur-Wissen führte. Altes Wissen, welches uns schon unsere "Alten" lehrten. Oft frage ich mich: „Warum wissen es die „Anderen“ nicht?“ Warum fallen so viele Menschen in das Loch „Ich bin ja sooo krank“? Ist es Selbstmitleid, ist es mangelndes Selbstbewusstsein oder gar fehlende Selbstliebe? Von Hause aus gab es „Krankheiten“ nicht. Bei Fieber gab es Wadenwickel, Kirschsaft oder Fliederbeer-Suppe (Holunder) - an mehr kann ich mich nicht erinnern. Doch – an Sanostol Lebertran!

In mir erwachte der große Wunsch, ein Bewusstseins Centrum aufzubauen. Alles unter einem Dach! So, wie es uns die Traditionelle Chinesische Medizin lehrt: Den Menschen in seiner Ganzheit erfassen – von Innen nach Außen! Ihn als Energie, als eine Zusammensetzung von Atomen zu sehen. In unserer Schulmedizin ist leider die Erfahrungsmedizin in den Hintergrund geraten. Früher gab es noch den Landarzt mit offenen Ohren und offenem Herzen, der auch Hausbesuche machte und in das Leben der Großfamilie hineinhörte. Ich durfte ihn noch kennenlernen.

Mit dem natürlichen Lebensrhythmus, angepasst an den Jahreszeiten-Rhythmus – das ist das, was ich von Hause aus mit auf den Weg bekommen habe. Und dennoch erwischte mich auf einer Großveranstaltung in Österreich das große C - ich erhielt das Zertifikat "Positiv". Eines von zahlreichen Ausbildungen der vergangenen 30 Jahre. Nun war es an der Zeit, mein Wissen, mein Handwerkszeug, die Erfahrungen Anderer, wissenschaftliche Erfahrungen, Stellungnahmen und Erkenntnisse an mir selbst auszuprobieren. Ich dokumentierte meine Unbefindlichkeiten und fand Parallelen zu den Erkrankungen der Kosmonauten.

Mit Hilfe von einfachen Übungen, die für Jedermann*frau jeden Alters – ob körperlich eingeschränkt oder frei beweglich – leicht anzuwenden und umzusetzen sind, Erkennen von körperlichen Disharmonien an bestimmten Körperstellen, farbige Ernährungsweise und Einiges mehr haben mich sehr schnell wieder ins Gleichgewicht gebracht. Meine Selbsttests zeigten mir schon am 4. Tag „Negativ“ und mir wurde mein Zertifikat „Positiv“ wieder aberkannt. Ich fühle mich so fit, wie seit Jahrzehnten nicht mehr. Meine Energie ist zu mehr als 100% wieder aktiviert. Ich fühle mich wie Phönix aus der Asche und könnte vor Freude und Dankbarkeit die Welt umarmen. Täglich habe ich jetzt mein 50 Minuten Programm als morgendliches Ritual und setze es auch konsequent um.

Danke, dass ich diese Lebenssituation erleben durfte und nun auch meine Selbsterfahrung teilen darf und auch werde. Genauso ist es möglich, gesund und glücklich bis ins hohe Alter hinein zu sein.

Ingrid – Wer bist Du?

Und wieder einmal tausche ich mich mit einer Kollegin gleichen Alters aus. Wir amüsieren uns, dass wir aus Jahrgang 1949 noch immer so aktiv sind – und das mit einer Power auf Dauer! Genau wie ich hat Rosemarie mit 42 Jahren ihre 2 Koffer – wahrhaftig 2 Koffer – gepackt und wagte einen Neuanfang. Wenn auch als Witwe, so hat sich Rosemarie doch ein erfülltes Leben im Network-Marketing und Online-Business geschaffen. Ihre Freizeit genießt sie mit ihren Enkelkindern und zeigt ihnen die Vielfalt der Natur, zeigt ihnen als Stadtkinder das Leben auf dem Bauernhof. Sie erleben lebendige Hühner, Schafe, Ziegen – und Rosemarie wird wieder zum Kind, taut auf, ist unbefangen wie ihre Enkelkinder, tollt mit ihnen herum und tankt so voll und ganz wieder auf. Lebenselixier pur.

Auch Angelika meistert ihr Leben ohne Mann und Kind – beide verstorben. Ihre Tochter schon sehr früh – viel zu früh. Das prägt – aber das Leben geht weiter, Erkenntnisse weitergeben, auf der Bühne stehen, Bücher schreiben, die Menschen wachrütteln in dieser heutigen, doch sehr herausfordernden Zeit. Angelika, Jahrgang 1949, hat eine Ausstrahlung, die alle im Umfeld mitreißt – ob man will oder nicht. Ja, das sind Menschen, die mich umgeben, die so sind wie ich. Für diese

Frauen ist Stillstand ein Fremdwort. Auf Rente gehen? Wer sagt denn das? Doch nicht mit uns! Und wieder kommt eine dieser sich ständig wiederholenden Frage: "Ingrid, wie schaffst Du das eigentlich alles? Wenn ich Dich so erzählen höre, verblüfft es mich immer mehr, was Du so alles weißt – so rund um den Menschen, von Innen nach Außen! Wo hast Du dieses gesamte Wissen her?"

Für Angelika ist es noch recht neu, sie kennt mich noch nicht so genau. Wir haben uns auf einem Kongress kennen gelernt. Und so hat sie mich auf der Bühne und im Gespräch genauso wahrgenommen, wie ich sie auch auf der Bühne erlebt habe. Auch sie ist jetzt neugierig geworden und fragt mich geradeheraus: „Ingrid, ich habe schon so viel von Dir gehört. Es gibt wohl nichts, auf was Du keine Antwort hast. Rosemarie hat mir erzählt, dass Du ihr sogar per Online helfen konntest. Deine Ansätze, den Menschen wieder in die Heilung zu bringen, hören sich so einfach an. Andreas bezeichnet Dich sogar als „Mamma Heilung". Wenn in der Familie körperliche Probleme auftauchen, kommt sie erst einmal zu Dir. Das macht mich jetzt wirklich neugierig. Wie hat es denn bei Dir angefangen?"

„Angelika, Du kennst mich ein wenig und Rosemarie mich schon intensiver. Dass wir drei gerne reden, liegt definitiv am Jahrgang – denn auch dafür habe ich eine Lösung. Kurz gesagt: das chinesische Horoskop ordnet uns dem Feuer-Element zu. Durch unseren Jahrgang sogar das lodernde Feuer, mit dem chinesischen Erde Büffel. Das wird Dir jetzt nicht so sehr viel sagen, spricht jedoch dafür, dass wir kommunikationsfreudig sind, gerne mit Menschen arbeiten, feinfühlig sind und dennoch mit Mut und Energie unseren Weg gehen. Der Erde Büffel hilft uns dabei, dass wir bodenständig bleiben – jedoch auch gerne und viel arbeiten. So – ich glaube, Du hast dich jetzt auch wiedererkannt, nicht wahr? Da steckt von mir 30jähriges Wissen, Selbsterfahrung und vor allem auch die Erfahrung mit meinen Kunden dahinter. Also, Du hast mich gefragt und ich antworte Dir sehr gerne. Und wenn Du mich schon fragst, möchte ich Dir auch sehr gerne so antworten, so dass Du die Hintergründe und Zusammenhänge verstehst."

Mein Weg begann vor genau 30 Jahren

Die Auslöser dafür waren die Trennung, der Auszug und letztendlich meine Scheidung, die mich nach 22 Ehejahren erst einmal aus meiner gewohnten Bahn geworfen hat. Sie hat mich veranlasst, mich endlich auf die Suche nach dem Sinn meines Lebens zu machen. Ich hätte niemals auch nur im Traum daran gedacht, dass sich mein geregelter Lebensweg jemals ändern würde. Als absoluter Familienmensch und treue Geschäftsfrau hatte bis zu meiner Scheidung „alles seine Ordnung". Doch oft ist es im Leben so, dass die Hinweise – als Wegweiser bezeichnet – klein und leise sind. Im Verlauf vieler Jahre werden sie jedoch lauter und die dafür in uns angelegte „Schublade" quillt über. Das ist dann die schmerzhafte, aber lehrreiche Variante. Sie gibt dem Leben eine neue Chance. So war es bei mir und so kann es auch bei dir sein. Mit 42 Jahren startete ich dann in einen neuen, mir bis dahin vollkommen unbekannten Lebensabschnitt. Bis hierher war mein

Lebensweg sozusagen kurzzeitig ein anderer, ich eine Andere. Der Alltag hielt mich unbemerkt wie in einem Netz – im Aquarium gefangen.

Mein Körper zeigte es mir letztendlich mit einem Gewichtsverlust – bis auf 42 kg. Er hat auf seine Art den ganzen Ballast abgeworfen, so dass ich gezwungen war, mit meinen restlichen Energiereserven, Motivation und Vertrauen neu zu starten. Schaue ich mir heute das Ergebnis an und auch zurück, ist es unglaublich, was alles machbar ist. Mit Mut und Vertrauen? Nein, ich bin einfach gegangen und folgte meinem Impuls.

Von Anbeginn steckte ich mein ganzes Geld in meine Persönlichkeitsentwicklung, in neue Berufe, in meine Zukunft - mein Lebenstraum, mein Wunschberuf wurde wieder zum Leben erweckt. Denn schon immer interessierte mich der Mensch und wie wir es schaffen, nachhaltig gesund zu bleiben. Und zwar nicht nur körperlich, sondern auch mental und physisch. Und das mit Achtsamkeit und Wertschätzung zu sich selbst. Mein Weg der Erkenntnisse zeigte mir, dass die Schulmedizin oft an ihre Grenzen kam und in manchen Bereichen nur Symptome, aber nicht die Ursache behandelt werden konnte.

Seit mehr als 30 Jahren verknüpfe ich nun altes Gesundheits-Wissen verschiedener Kulturen mit neuzeitlichen Ansätzen und Denkweisen, welche auch wissenschaftlich untermauert sind. In der chinesischen Heilkunde fand ich zum Beispiel die

Ursache für die westliche Diagnose. Mein großes Glück war zudem noch, dass ich bereits 2008 auf dem Raumfahrtkongress in Berlin zu dem Thema: „Ohne Licht kein Leben" einen Vortrag gehalten habe. Von den anwesenden und vortragenden Ärzten und Wissenschaftlern erfuhr ich Grundlegendes aus der Raumfahrtmedizin. Dieses Wissen und die Verknüpfung von westlicher Medizin, östlicher Medizin und Raumfahrtmedizin begleitet mich bis heute und ist die Basis meiner Behandlungen, verknüpft mit meinen Erfahrungen und den Erfahrungen meiner Klienten. Und das, liebe Angelika und Rosemarie – das ist mein Geheimnis, meine Expertise und mein Erfolg, den Menschen Wegweiser und Gesundheitstrainer für einen schnellen und nachhaltigen Heilungserfolg zu sein. Der Alltag zeigt es uns doch ganz klar!

Was wir nicht nutzen – und dazu gehören auch unsere Muskeln - verkümmert. Und da unser Gehirn ein Muskel ist, sollte er unbedingt trainiert werden! Jeder - auch im höheren Lebensalter – hat die Möglichkeit und auch selbst in der Hand, Neues zu lernen und so zu trainieren, dass die geistigen Reserven möglichst lange erhalten und vor allen Dingen genutzt werden können. Ich könnte mir vorstellen, dass Du es auch möchtest – oder? Siehst Du, das habe ich mir gedacht. Und genauso möchten es die Menschen da draußen auch.

Fragen, die deinem Leben eine Chance geben

Ich stelle zu Anfang erst einmal ein paar Fragen, so wie zum Beispiel:

- Ist es dir auch so ergangen wie mir – ein Leben in vermeintlicher Harmonie?
- Seid ihr auch das „Traumpaar der Neuen Revue“?
- Händelst Du alles im Sinne deines Umfeldes?
- Wenn es meinem Partner gut geht, geht es auch mir gut“, – ist das deine Grundeinstellung?
- Regelst Du alles bestens – zum Wohle aller?
- Ist dein Leben sinnlos?
- Hast Du über alle Fürsorge DEINE Ziele verloren?
- Hast Du ein Gefühl der Enge, womöglich ausgelöst durch deine seelischen Schmerzen?
- Möchtest Du heraus aus deinem Kokon?
- Sehnst Du dich danach, dass aus deinem Raupendasein endlich der Schmetterling frei wird und fliegen kann?
- Möchtest Du Dich endlich spüren, wertgeschätzt fühlen und respektvoll wahrgenommen werden?
- Möchtest Du endlich die ewige Frage nach dem „Warum“ ad acta legen?

Wenn meine Klienten die meisten dieser Fragen mit „Ja“ beantworten, dann ist es höchste Zeit, einmal über sich und sein Leben nachzudenken, einmal Revue passieren lassen. Es muss ja nicht immer gleich eine Trennung oder Scheidung sein wie bei mir. Oh – ich sehe, Ihr Zwei wirkt sehr nachdenklich. Da sind wir wieder beim berühmten Eisberg. In unserer schnelllebigen und ereignisreichen Zeit speichert unser Unterbewusstsein zu jeder Sekunde alles ab. Wie viel Prozent es sind, ist immer individuell. Auf jeden Fall mehr als 90% - so wie im wahren Leben der echte Eisberg sich zeigt.

Heutzutage spricht die Erfahrung sogar von über 95%, der Rest ist Ober-Bewusstsein – also Dein waches Bewusstsein, dessen Inhalte jederzeit abrufbar sind. Unser Körper ist da eine richtige Zeitmaschine. Und so ist es, dass uns unsere Erinnerungen, unsere Glaubenssätze, unsere Erfahrungen alle wieder einholen. Waren sie dir schon einmal im Bewusstsein, in der Wahrnehmung, hast du die Chance, sie schnell zu erkennen, sie abzuwenden und den Schaden zu begrenzen. Seit Jahren begleitet mich mein Spruch: „Bewusstsein weckt Wissen – und – Wissen ist Gesundheit“. Da steckt sehr viel Wahrheit drin und auch das Sprichwort von unseren Alten: „Erkenntnis ist der erste Schritt zur Besserung“.

Dein Kopf ist deine Schaltzentrale

Selbst wenn große Mengen an Informationen unsere Sinne überfluten, sind wir in der Lage, uns auf das Wesentliche zu konzentrieren und darauf zu reagieren. Unser Gehirn arbeitet dabei wie ein Suchscheinwerfer. Es beleuchtet nur die relevanten Informationen, der Rest entgeht unserer Aufmerksamkeit. Und da sind wir auch wieder mal im Thema Achtsamkeit. Ihr wisst ja auch, dass Achtsamkeit nichts Weltbewegendes ist, im Grund genommen sollte es ein Teil von uns sein. Denn es bedeutet nichts weiter, als dass wir Dinge, die wir tun oder nicht tun, die wir fühlen, die wir ganz bewusst tun, einfach mal darauf achten oder **Ist es dir bewusst, was du für Gedanken hast, welche innere Einstellung du hast?** Denn, wenn Du einmal überlegst – so in Deinem Alltag – wie viele Dinge machst du komplett unbewusst, ohne großartig darüber nachzudenken?! Achtest Du bewusst auf Deine Lebensereignisse, auf Dein Tagesgeschehen? Ob den Menschen da draußen etwas auffällt, ob sie auf irgendetwas achten, ist mehr oder weniger Zufall.

Wer kennt das nicht: „Habe ich den Herd ausgemacht?“, „Habe ich das Bügeleisen ausgemacht?“, „Habe ich die Garagentür verschlossen?“, „Habe ich mein Portemonnaie wieder eingesteckt?“ - was auch immer. Es sind die Dinge, die wir rein automatisch machen. Bei den meisten Menschen ist es genau der Fall. Ah, Kopfnicken – Ihr kennt es also auch! Ich empfehle dann immer, einmal damit bewusst anzufangen auf diese Dinge zu achten – also, diese Achtsamkeit zu etablieren – das kann sehr, sehr viel bewirken – vor Allem für die mentale Gesundheit, aber auch natürlich in gewisser Weise für die physische Gesundheit. Ich empfehle wirklich sehr, sehr gerne, sich doch einmal ganz bewusst eine Auszeit zu gönnen, auf den Körper zu hören. Sicherlich habe Ihr auch schon die eine oder andere schmerzhafte Erfahrung gemacht, um letztendlich festzustellen, dass es angenehmer ist, auf die eigenen Körpersignale zu achten, bevor er sich mit Schmerzen meldet – ja, auch das ist Achtsamkeit!

Und da gebe ich zum Beispiel auch gerne den Vorschlag, einmal einen Waldspaziergang zu machen, durch den Park oder am See entlang – wo auch immer und dann die Natur einmal bewusst wahrzunehmen. Die Bäume in ihrer verschiedensten Art, die verschiedenen Formen der Blätter, die unterschiedlichen Stimmen der Vögel, wie die Sonne durch die Zweige scheint – einfach mal mit Bewusstheit und Achtsamkeit die Umgebung wahrnehmen. Das ist so beruhigend für unser Gehirn und letztendlich für unsere mentale Gesundheit.

Da frage ich Euch gleich mal an dieser Stelle, liebe Rosemarie und Angelika, wann habt Ihr mal bewusst die Natur wahrgenommen? Was habt Ihr gespürt, gefühlt, gehört, gerochen, vielleicht sogar Bäume und Pflanzen berührt – sozusagen alle Sinne beisammengehabt? Von daher stammt nämlich unser gesamtes altes Wissen – aus Beobachtungen der Natur, daraus das Wissen in der Landwirtschaft – na, ja – Ihr kennt ja die Zeitalter.

Dein Wünsche-Brief

Was möchte ich Euch damit sagen: Es ist nie zu spät, sich selbst und sein Umfeld zu analysieren und zu entdecken, es ist nie zu spät seine Träume zu verwirklichen und vor allen Dingen auch, Wünsche zu äußern. Und da sprechen wir doch eine gemeinsame Sprache, denn Ihr habt ja auch so Einiges erlebt und habt Euch nicht unterkriegen lassen. Wie sah denn Euer Wunschzettel aus – oder anders gefragt: Hattet Ihr überhaupt einen, als Ihr Euch neu orientiert habt? Oder auch noch anders gefragt, weiter zurück: hattet Ihr überhaupt jemals einen Wunschzettel? So wie diesen aus Kindertagen zu Weihnachten oder zum Geburtstag?

Gerne gebe ich meinen Klienten Hilfestellung und mache ihnen diesbezüglich ein paar Vorschläge wie:

- **„Ich wünsche mir, wieder fit und voller Energie zu sein“**
- **„Ich wünsche mir strahlende Schönheit und mein Wunschgewicht“**
- **„Ich wünsche mir einen entspannten Rücken und Leistungsfähigkeit“**
- **„Ich wünsche mir Ausgeglichenheit und erholsame Nächte“**
- **„Ich wünsche mir einen guten Umgang mit den Herausforderungen des Lebens“**

So könnte zum Beispiel ein Wünsche-Brief aussehen.

Deine Chance für ein neues, glückliches und gesundes Leben - setze dir Ziele

Ja, diesen Wunsch hat wohl Jede*r von uns! Nur, das kommt nicht von allein und im Kaufhaus steht es auch nicht zur Verfügung. Da dürfen wir schon Bereitschaft zeigen, dafür etwas zu tun. Bereitschaft dafür, aktiv etwas für die Hirntätigkeit, für die mentale Gesundheit zu tun, dann hast du und jede*r Andere auch die Chance, deine geistige Leistungsfähigkeit mit einigen wenigen Schlüsseln, die ich den Menschen für den Anfang an die Hand gebe, zu stabilisieren. In jedem Coaching lege ich meinen Klienten immer wieder ans Herz: setzt euch Ziele, wagt auch überdurchschnittlich große Ziele – egal, wie alt ihr seid. Ob 50, 60, 70 - vielleicht ein wenig jünger, vielleicht aber auch älter – so wie du und ich. Es ist so wichtig, im Leben Ziele zu haben. Hätte ich bei meinem Auszug damals ein festes Ziel vor Augen gehabt, vielleicht wäre mein Erfahrungsweg etwas kürzer gewesen, die Lebenserfahrung bis heute kann mir jedoch keiner nehmen.

Ich sage Euch, wenn ein Mensch in seinem Leben keine klaren Ziele mehr hat, wenn ein Mensch in seinem einzigartigen Leben keine klaren Aufgaben mehr hat, wird er sich selbst verlieren und letztendlich unglücklich und einsam werden. Das erlebe ich und das erlebt Ihr genauso mit gleichaltrigen in unserem Umfeld. Damit meine ich nicht die Menschen, die zu unserem festen Freundeskreis gehören, sondern die Menschen, die Ihr ja auch vom Klassentreffen kennt. Wie unterschiedlich doch jede und jeder Einzelne sein Leben führt – das finde ich immer wieder bemerkenswert.

Aus meiner Arbeit weiß ich jedoch, dass viele Einflüsse von außen den Menschen in seiner Individualität prägen. Das zu erkennen ist auch meine Arbeit, die Stärken und Schwächen herausfiltern, die Berufung erkennen – und das über unsere angeborenen Intelligenzen. Auch hier habe ich aus meiner 30jährigen Erfahrung heraus ein neues Programm geschaffen – die Neuro – Linguistische – Intelligenz. Dieses Konzept habe ich mir schon vor Jahren patentieren lassen. Es ist durchaus möglich, über unsere Sprache unsere Körperzellen mit unserer angeborenen Intelligenz neu zu programmieren. Habe ich Euch neugierig gemacht? Das können wir ja mal an einem anderen Tag genau beleuchten.

Was ich Euch damit sagen wollte, ist im Grunde genommen das, was Ihr ja über Eure Arbeit auch schon erfahren, habt: Die Menschen sind so geprägt von Erziehungsmustern ob von den Eltern, Großeltern, Tante, Onkel, Lehrer, ob Uni oder Berufsschule, Freunde – wer auch immer. Und dann kommen Sprüche wie – und die kennt Ihr bestimmt auch: „Du hast es geschafft" und dann der Nachsatz: „Bei mir ging es ja nicht, da sind ja die Kinder. Für die muss ich ja auch da sein und kann sie nicht alleine lassen."

Ganz ehrlich – von mir kam dann die Gegenfrage: „Und wie alt sind deine Kinder?" Du kannst es Dir ja ausrechnen – denn genau diese Situation habe ich damals erlebt – also habe ich der „Klagenden" vorgerechnet: „Schau mal, du bist jetzt auch so zwischen 45 und 50 und deine Kinder gehen schon längst eigene Wege. Worauf wartest du?". Und genau diese Unzufriedenheit wirkt sich dann negativ auf die mentale Gesundheit aus, die ich ja schon angesprochen hatte. Es ist doch so: fühlst du dich mental nicht gut, spiegelt es sich auf der physischen, auf deiner Körperebene wider. Wir haben doch die Möglichkeit, aus dem Vollen – aus dem Haifischbecken heraus – zu fischen. Ihr seid ja auch nicht stehen geblieben. Ihr habt Euch auch weitergebildet und irgendwann ein festes Ziel vor Augen gehabt und dieses auch verfolgt. Und diese Möglichkeit hat jeder Mensch. Es ist doch ganz egal, was es für ein Ziel ist:

ob im sportlichen Bereich, ein berufliches Ziel, ob gesundheitliche Ziele oder finanzielle Ziele – ganz egal.

Wichtig ist doch, dass wir diese Ziele ernst nehmen, sie – wie gesagt - deutlich vor Augen haben und mit Herzblut daraufhin arbeiten. Es besteht ja die Möglichkeit, sie in einzelne Aufgabenbereiche zu gliedern – jedoch immer mit dem großen Ziel vor Augen! Wie ein Fixstern am Himmel. Das hält den Geist frisch und ist die beste Basis für ein gesundes und glückliches Leben bis ins hohe Alter hinein. Das sehe ich ja an Euch: Ihr habt Ausstrahlung – Charisma -, Ihr zieht die Leute förmlich an, die Lebenslust sprüht aus Euren Augen und genau diese Leute zieht Ihr dann auch in Euer Umfeld. Und genau das wünsche ich auch meinen Klienten – ein glückliches, zufriedenes und erfülltes Leben bis ins hohe Alter hinein.

Beginne mit dem ersten Schritt in dein dich erfüllendes Leben

Wie heißt es so schön:" Gleich zu gleich gesellt sich gern!" Und genau dafür habe ich mal diese Schlüssel oder auch Schritte, von denen ich vorhin schon gesprochen habe, zusammengefasst. So für den Anfang, um überhaupt den ersten Schritt zu tun – um in die Umsetzung zu kommen. Wie viele wagen den ersten Schritt nicht. Der Mensch ist ein Gewohnheitstier. Ihm ist genau bewusst, dass Veränderung mit –sagen wir mal– Unbequemlichkeit zusammenhängt. Ja, es kann auch weh tun. Schmerzhafte Erfahrungen kommen an die Oberfläche und so sagt sich der Mensch: „Lass mal alles so wie es ist", „so wie es ist, so ist es gut" – „daran habe ich mich jetzt gewöhnt". „Was soll sich schon verändern – und wenn, dann falle ich nur wieder darauf rein und dann beginnt alles wieder von vorne".

Oh, ich kenne diese Ängste der Menschen da draußen nur zu gut. Und wenn ich ihnen dann klar mache, dass sie sich selbst im Weg stehe, dass sie sich durch dieses immer wieder „zurückblicken" nicht nur sich selbst, sondern auch ihr berufliches Weiterkommen, ihr soziales Umfeld, ihr Glücklichsein, ihr Wohlbefinden und – ja, letztendlich auch ihre Gesundheit blockieren, dann kommen sie zumindest einmal ins Grübeln. Dann bahnt sich das an die Oberfläche, was so schön zu gedeckelt wurde.

Kennt Ihr die Textpassage aus der Operette „Land des Lächelns" von Franz Lehar?

Immer nur lächeln und immer vergnügt
Immer zufrieden, wie's immer sich fügt
Lächeln trotz Weh und tausend Schmerzen
Doch wie's da drin aussieht, geht niemand etwas an

Wenn ich Euch Beide jetzt so anschaue, habe ich das Gefühl, dass Ihr im Moment auch ganz schön getriggert seid – oder? Ja, bei unserer Vergangenheit – da ist schon so Einiges passiert, da haben wir schon so Einiges aus dem Weg geräumt – und dennoch kommt es immer wieder ins Bewusstsein. Das ist ja auch ganz normal und das wunderbare ist, diese Bewusstheit wird immer klarer und leichter, sie zieht uns nicht mehr ins

Loch, sondern macht uns andererseits bewusst, dass wir unsere Chance genutzt haben. Oh, Angelika und Rosemarie, es ist so wichtig, zu wertschätzen, was jeder Einzelne von uns geleistet hat, losgelassen und neu erschaffen hat. Es ist so schade, dass es nur wenigen Menschen vergönnt ist, da einmal hinzuschauen und mit Recht stolz auf sich zu sein. Ihr könnt so stolz auf Euch sein, was Ihr geschaffen habe – nicht zu vergessen, wir drei sind Jahrgang 1949! Ein besonders guter Jahrgang, wenn ich mich so umhöre – es ist ja UNSER Umfeld.

Bei uns galt schon von der Erziehung her „Never give up". Ja, da können wir unseren Eltern wirklich DANKE sagen für das, was sie uns vorgelebt haben. Immer frei nach dem Motto:" Geht nicht, gibt's nicht" und dann füge ich gleich noch mein Lebensmotto hinzu: „Es geschieht alles zu meinem Besten und zum Wohle Aller". Genial, nicht wahr? - ich schließe mein Umfeld und Euch damit gleich ein – also geht es uns Allen gut. Eine wunderbare Kettenreaktion – ich habe dabei immer die Domino-Weltmeisterschaft vor Augen: der erste Stein bringt alles in Bewegung – und so ist es auch mit dem ersten Schritt.

Es beginnt immer mit dem ersten Schritt – Out of the Box

Veraltet, überlebt, überflüssig, überholt – loslassen, Veränderung annehmen, mit dem ersten Schritt beginnen! Das kennt Ihr wohl auch zu genau – die Vergangenheit versucht immer wieder, uns einzuholen! Schauen wir jedoch nach vorne und lassen das alte hinter uns, stehen die Chancen für jeden einzelnen Menschen auf Erfolgskurs, auf Erreichung seiner

Ziele – welche auch immer. Ich habe Euch ja schon von meinen Ansätzen erzählt. Im Grunde genommen klingt es sehr einfach und dennoch ist es einmal für den Anfang. Und den umzusetzen, das wisst Ihr aus eigener Erfahrung und auch aus Eurem Umfeld: es ist immer der innere Schweinehund, der zunächst einmal auf Weltreise geschickt werden muss. Ich denke, Ihr wisst genau, was ich meine. Denn jeder Mensch darf sich zunächst einmal mit ihm auseinandersetzen. Und hier gebe ich meinen Klienten eine bewährte Hilfestellung, wie sie innerhalb von 3 Schritten mit 3 Schlüssel-Momenten Energie und Motivation für einen Neuanfang schöpfen können – und das unabhängig von deren Lebenslage.

Vielleicht ist für Euch ja auch noch einmal so eine kleine Erleuchtung dabei. Wir lernen ja nie aus – frei nach einem alten deutschen Sprichwort, den Ihr sicherlich auch kennt: „Man wird so alt wie eine Kuh und lernt immer noch dazu". Das kenne ich schon so lange, wie ich denken kann – und da steckt doch so viel Wahrheit drin. Könnt Ihr Euch an die Frauen in Amerika erinnern, die noch im hohen Alter auf die Uni gegangen sind, um sich weiterzubilden, ihr Wissen zu erweitern und aus welchen Gründen auch immer, etwas für ihre mentale Gesundheit getan haben? Oh, ich war damals so um die 30 Jahre alt – und da habe ich diese Damen schon bewundert. Und heute sind wir genauso – ich wiederhole es immer wieder gerne: wir aus dem Jahrgang 1949. Und das betrifft selbstverständlich sehr viele sogenannte ältere Menschen – ob männlich oder weiblich. Der demographische Wandel zeigt, dass die Lebenserwartung jährlich steigt. Wir haben in den letzten 20 Jahren steigende Tendenzen, dass die Menschen immer älter werden – ja sogar die Hundertjährigen und älter immer mehr zunehmen – und das weltweit. Da können wir doch bester Hoffnung sein! Mein Ziel ist es tatsächlich „130 bei bester Gesundheit und zum Wohle Aller". Wenn auch viel belächelt, ich glaube fest daran, dass das alte 80 das neue 100 und darüber sein wird. Ich möchte noch so vielen Menschen wie möglich Wegweiser sein für ein gesundes und glückliches Leben – eben, bis ins hohe Alter hinein.

Meine Vision ist es tatsächlich, die Gesundheit des Menschen in den Vordergrund zu stellen und dahingehende sein Bewusstsein zu öffnen, dass eine Aktivierung der Selbstheilungskräfte möglich ist. Die wahre Ursache, die Quelle des Übels muss gefunden werden, wenn wir den Menschen wieder in seine Balance bringen wollen.

- Nur so ist es möglich, gesund und glücklich alt zu werden.
- Nur so ist es möglich, bei bester Gesundheit zu bleiben oder wieder zu werden.

Mit 3 Schlüsseln zur physischen und mentalen Gesundheit

Und damit wir drei und viele andere ältere Menschen, so um die 50 Plus, 60,70,80 – ob älter oder jünger, ganz egal, die noch etwas bewegen wollen, die gesund, glücklich und zufrieden ihre 4. Jahreszeit genießen wollen, dafür habe ich schon einmal wohl weislich für Euch ein Geschenk mitgebracht. Meine 3 Schlüssel, die Euch den Weg zur physischen und mentalen

Gesundheit öffnen. Fangen wir gleich einmal mit dem 1. Schlüssel an.

Der 1. Schlüssel öffnet Dir die Tür zur Klarheit, dahinter verbirgt sich Dein WARUM

- Überlege dir immer, wofür du es machst.
- Überlege dir wirklich aktiv: wieso will ich den Neuanfang und was habe ich davon?
- Wie sieht mein Leben aus, nachdem ich diesen Neuanfang gestartet habe?

Ihr braucht ein ganz starkes WARUM, warum Ihr es machen wollt. Fixiert es schriftlich. Denn eines ist klar: der Mensch ist ein Gewohnheitstier, kein Mensch mag Veränderungen und wenn Ihr Euch verändern wollt, dann benötigt Ihr als Antreiber, als Motivator da oben am Himmel diesen Fixstern, an den sich jede Einzelne von uns gut orientieren kann. Es geht hier um deine Vision, dass du deinem Leben eine neue Richtung geben möchtest. Aber so etwas geht natürlich nicht von allein und so habe ich auch gleich den 2. Schlüssel dabei.

Der 2. Schlüssel öffnet Dir deine Tür zur Bewusstheit

Dir wird bewusst, dass Veränderung eine aktive Entscheidung ist und ein aktiver Prozess, das heißt, die Veränderung wird nicht von alleine kommen.

- Du musst Dich aktiv dafür entscheiden,
- Dein Glück selbst in die Hand zu nehmen,

- den ersten Schritt zu gehen und mit der Veränderung beginnen.

Und darauf folgt nun auch noch der 3. Schlüssel. Dieser spielt natürlich in den 1. und 2. mit hinein:

Der 3. Schlüssel öffnet Dir eine ganz wichtige Tür

Dahinter verbirgt sich die Kraft, sich auf das Positive zu fokussieren - wenn du Energie schöpfen willst, wenn du Motivation schöpfen willst, dann

- fokussiere dich immer auf die Dinge, die gut laufen
- fokussiere dich auf die Dinge, die du gut machst
- und übertrage diese positive Energie auf die Dinge im Prozess
- in deinem Leben, bei deiner Veränderung, die eben noch nicht so gut funktionieren, um das Ganze anzupassen.

Ganz wichtig ist, dass du immer positiv bleibst. Das führt Euch hin zu mehr Wohlbefinden und Ihr werdet in diese Aufwärtsspirale kommen, mit der Ihr es wirklich schafft, mental und physisch gesund und glücklich bis ins hohe Alter hinein zu sein – und bei Euch: zu bleiben. Ihr werdet mitbekommen haben, dass ich tatsächlich die mentale Gesundheit in den Vordergrund gestellt. Warum? Ich sehe, dass die Menschen immer wieder einen entscheidenden Fehler machen. Und zwar – viele Menschen befassen sich immer wieder mit dem Thema Ernährung und Bewegung – und das ist auch schön und gut. Aber – die Wahrheit ist, dass diese beiden Komponente nur

20% unserer Gesamtgesundheit ausmachen. Tatsächlich jedoch wird 80% unserer Gesundheit hier oben entschieden – über den Kopf. Jetzt bin ich aber gespannt: Wusstet Ihr das? War es Euch bekannt?

Natürlich ist Ernährung und Bewegung wichtig. Aber dafür benötigen wir keine strengen Diäten oder Ernährungspläne, auch keinen Sport, der den willigen Menschen eigentlich gar nicht gefällt. Und ich verspreche Euch, wenn Ihr diese mentale Komponente in den Griff bekommt, ein wenig auf die Ernährung achtet, ein wenig Bewegung, dann werdet Ihr es auch schaffen, gesund und glücklich bis ins hohe Alter hinein zu sein – und dann könnt Ihr auch mit Eurer geistigen Fitness, mit Eurer physischen Stärke noch Bäume ausreißen. Und das wünsche ich allen Menschen, die gesundheitsbewusst ihr Leben bei bester Gesundheit bis ins hohe Alter gestalten möchten. Denn das ist doch unser aller Ziel: nämlich, ein gelungenes zu Leben führen, ein sinnvolles Leben. Wir wollen glücklich sein und doch Spuren hinterlassen – oder? Ich gehe mal davon aus, dass wir hier einer Meinung sind.

GesundheitsPyramide by Ingrid Ulbrich

Mein Fußabdruck für die Menschen nach mir – die GesundheitsPyramide by Ingrid Ulbrich

Und meine Spur, mein Fußabdruck sollte unter anderem auch die GesundheitsPyramide sein. Schon vor vielen Jahren entwickelte ich eine 5-Stufen-GesundheitsPyramide. Ernährungspyramiden sind ja schlechthin bekannt. Ich möchte Euch mal zum Schluss die Inhalte, die ich als meinen wesentlichen Lösungsansatz sehe, einmal kurz vorstellen. Lasse ich hier nur eine Ebene aus, bricht das System zusammen und ergibt nicht mehr das erforderliche Ganze. In ihrer Ganzheit hat mich dieses Wissen um die Pyramide, um deren Inhalte, die sich dahinter verbergen, mich nicht nur in die Heilung, sondern auch wieder in meine volle Energie gebracht und mein Immunsystem gestärkt.

- So steht die Bewegung, welche für Jedermann*frau eine andere Bedeutung hat, an 1. Stelle. Es geht im Wesentlichen um die Bewegung der Energie in unserem Körper.
- In der 2. Stufe sehe ich das soziale Umfeld – unsere Umgebung. Liebe und Mitgefühl haben einen starken Einfluss auf Heilerfolge. Einsamkeit macht krank. Auch das ist wissenschaftlich bewiesen.
- Als 3. Stufe, also in der Mitte, steht die Ernährung. „Essen und Trinken hält Leib und Seele zusammen“ – ausgehend von unserer Körpermitte.

Unser Magen kann sehr wohl signalisieren, was uns vom Geschmack her guttun würde. „Die Augen essen mit“ – und da wären wir bei der farbigen Ernährung. Daher verwende ich bei meinen DETOX–STRESS-Entlastungskuren immer farbige Nahrungsmittel als einen Aspekt aus der Farbtherapie

- Auf der 4. Stufe folgt dann die Atmung. Über das Blut werden alle Körperzellen mit Sauerstoff sowie mit den Bausteinen der Nährstoffe versorgt.

Spätestens an dieser Stelle kam mir während meiner Quarantänezeit mein Wissen zugute. Schnell erkannte ich über entsprechende Körperzeichen, in welchen Organen sich eine Unordnung bzw. auch Mangelversorgung zeigte.

- Und so zähle ich die 5. Stufe als Ganzes mit zu den wichtigsten. Wer sich einmal ausgebrannt gefühlt hat, weiß, wie wichtig ein alltäglicher Rhythmus ist.

Vieles hat sich in den letzten Jahren verändert. Auch der Alltag – ob im Privat - oder im Berufsleben. Der lebensnotwendige Rhythmus hat sich verschoben. Es ist nicht mehr wirklich so, wie es einmal war. Ich denke, dass Ihr es auch spürt, es – wie gesagt - offensichtlich und spürbar ist. Und hier gilt es auch in den nächsten Jahren anzusetzen, das heißt, wir müssen schon jetzt damit beginnen, die Menschen da draußen aufzuklären, sie wieder in die Richtung Selbstheilung bringen über das Öffnen des Bewusstseins dafür. Was haltet Ihr davon, wenn wir gemeinsam ins Handeln kommen, wenn wir uns gemeinsam dieser neuen Herausforderung stellen würden?! Wohlweislich habe ich schon mal meine persönliche Erfahrung zu einem Behandlungskonzept geschnürt. Diese Selbsterfahrung gebe ich jetzt schon an die betroffenen Menschen weiter, um so ihre Gesundwerdung zu unterstützen. Es ist für Jedermann*frau in jeder körperlichen Lage erkennbar, erfahrbar, erlernbar und umsetzbar. Ich sehe mich hier als GesundheitsTrainerin.

Wir bekommen ja gar nicht mit, was da so jede Sekunde in unserem Körper abgeht! Oder wusstet Ihr, dass in jeder Sekunde 10 Millionen Körperzellen absterben und sich zeitgleich neue bilden? Und was ist, wenn das Immunsystem so um die 30% und weniger aktiv ist? Da bekomme ich immer wieder Gänsehaut, wie wenige Körperzellen sich dann noch erneuern können. Da läutet die Alarmanlage namens „Schmerz“ bei dem Einen oder Anderen schon recht häufig im Rücken, im Knie, im Kopf, aus den Organen – woher auch immer. Fühlt Ihr Euch gerade berührt? - habe ich Euch getriggert? Dann lasst es nicht so weit kommen! Das

Zauberwort heißt „Gesundheitsprävention" – nämlich vorbeugend etwas zu tun. Ihr und die Menschen da draußen haben sie in der Hand – nämlich die Selbstverantwortung sich selbst gegenüber und gegenüber ihrem Körper.

Das Wunderwerk Mensch kann ich Euch unmöglich in seiner Komplexität verinnerlichen. Dafür habe ich ja auch meine Aus- und Weiterbildungen, meine Webinare und Online-Seminare oder auch das Online – Coaching. Denn genau dafür habe ich ja ein spezielles Online/Offline – Programm erstellt, welches die Menschen auf natürliche Weise wieder in Ihre Energie und Lebenskraft bringt. Ich kann Euch versichern – und das mit über 30jähriger Erfahrung -: die Menschen fühlen sich nach meinem Spezial - Programm genau wie ich, wie „Phönix aus der Asche!" Umgekrempelt von Innen nach Außen – und darum geht es ja. Nur so funktioniert Gesundheit – und das in Kombination von mentaler und physischer Gesundheit. Eines kann ich Euch auf jeden Fall sofort mit auf den Weg geben und empfehlen – und da spreche ich ja auch aus eigener Erfahrung:

Wenn Ihr Euch meine 3 Schlüssel und auch die Gesundheitspyramide ab jetzt zu Herzen nehmen und anfangen würdet, diese Stück für Stück umzusetzen, dann verspreche ich Euch, dass sich Euer Gesundheitszustand – wo immer Ihr auch steht– sich um mindestens 50% verbessern wird. Ihr werdet Euch mit Sicherheit wesentlich vitaler und wohler fühlen. Und dieses Versprechen kann ich auch immer wieder mit ruhigem Gewissen meinen Kunden und den Menschen da draußen mit auf den Weg geben. Wer etwas für sich und seine Gesundheit tun möchte, wer gesund und glücklich alt werden möchte, wem seine Gesundheit am Herzen liegt, dem empfehle ich, gleich heute anzufangen und aktive Schritte einzuleiten – mit meinem Wissen, welches ich gerade gerne mit Euch geteilt habe.

Wendet es an und Ihr werdet diesen Riesenunterschied zu vorher bemerken! Denn deine Gesundheit ist Chefsache! Deine Selbstverantwortung dafür! Nutze dafür auch meine GesundheitsPyramide!

Ich wünsche Dir, liebe Leserin, lieber Leser viel Erfolg bei der Umsetzung!

Über die Autorin

Ingrid Ulbrich ist bereits 73 Jahre und nach wie vor selbstständige Unternehmerin. Mit ihrer 30-jährigen Erfahrung betreut sie ihre Klientinnen und Klienten auf ganzheitlicher Ebene. Ihr Gesundheitskonzept basiert auf ihren eigenen Erfahrungen und ihrer jahrelangen Arbeit mit verschiedensten Kundinnen und Kunden.

Beim Thema Gesundheit fokussieren sich Viele ausschließlich auf die Ernährung und Bewegung. Die mentale Gesundheit wird dagegen oftmals komplett vernachlässigt. Zudem fehlt es in den meisten Fällen an individuellen Konzepten, die sich perfekt in den Alltag der Menschen integrieren und somit langfristig umsetzen lassen. Nachhaltige und ganzheitliche gesundheitliche Erfolge bleiben somit oftmals aus. Mit ihrem bewährten Konzept hilft sie Menschen, gesundheitliche Beschwerden auf ein Minimum zu reduzieren, ihren Alltag durch eine gesunde Ernährung, Bewegung und Mentaltraining wieder in Einklang zu bringen und Krankheiten dadurch aktiv vorzubeugen.

Ihre Mission ist es, jedem Menschen zu ermöglichen, das Leben gesund, fit und vital bis ins hohe Alter zu genießen. "Gesundheit ist unser wichtigstes Gut. Deswegen helfe ich Menschen, mit Leichtigkeit ihre physische und mentale Gesundheit bis ins hohe Alter aufrecht zu erhalten."

Wenn du also merkst, dass es dir mental & physisch immer schlechter geht und du deine Gesundheit langfristig erhalten willst, dann sichere dir jetzt unbedingt dein kostenfreies Kennenlerngespräch.

Website: https://ingrid-ulbrich.de/

YouTube-Kanal:

https://www.youtube.com/@ingridulbrich6084/

SCAN ME

Dr. Dorthe Heinsohn

Work-Life-Dance: Was hat Spiritualität mit einem Burnout zu tun?

Am frühen Morgen des 23. Augusts 2021 saß ich heulend auf dem Fußboden meines Badezimmers und verstand die Welt nicht mehr. Ich, die optimistische Powerfrau, die in allem das Positive sieht und sich immer auf mögliche Lösungen konzentriert, war im wahrsten Sinne des Wortes am Boden zerstört. Meine Welt, wie ich sie kannte, war in diesem Augenblick zu Ende. Rückblickend betrachtet war dieser deutliche Moment ein Geschenk, da sich der Nebel in meinem Kopf lichtete und ich den Wald plötzlich mit lauter Bäumen wahrnehmen konnte.

Was war passiert?

Gerade war ich aus einer fünfwöchigen Reha gekommen, hatte mich von einer großen Operation erholt und den Schmerz über den Verlust meiner Schwester in meinen Alltag integriert. Eigentlich war ich nach monatelangem Kampf wieder im gewohnten Fahrwasser und ich spürte mich und meine Lebensfreude wieder. Bis zu dem Morgen im August, als mir mein ganzes Sein in aller Deutlichkeit signalisierte, was ich bisher nur im Verborgenen ahnte und nie wahrhaben wollte:

Dass ich in meinem Beruf nur funktionierte und Arbeit seit Beginn meiner Berufstätigkeit vor fast 30 Jahren als Ablenkung nutzte. Wenn mir mein Privatleben um die Ohren flog, habe ich mehr gearbeitet. Wenn ich mich nicht gut genug fühlte, habe ich mehr gearbeitet. Wenn ich Wertschätzung brauchte, habe ich mehr gearbeitet. Andere betäuben sich mit Alkohol, Essen, Sex oder Drogen. Ich habe gearbeitet. Und es hat mir Spaß gemacht. Das ist das Hinterhältige! Die regelmäßigen Kopfschmerzen, die Kanne Kaffee am Morgen, um überhaupt betriebsfähig zu werden, das Glas Rotwein am Abend, um mich zu belohnen, dieses permanente Gefühl, die Handbremse ist angezogen und ich bin überfordert, all das gehörte zu meinem Alltag. Und ich habe mich immer wieder darin bestärkt, dass es nur im Moment so viel ist.

Das Muster, mich mit Arbeit zu betäuben, hat über viele Jahre funktioniert, bis mein Körper es mir so deutlich zeigte, dass auch ich es endlich erkannt habe. Kommt dir das bekannt vor? Was ich getan habe, um aus diesem oft ausweglos erscheinenden Tal wieder herauszukommen und wie ich meinen Umgang mit der Krise heute nutze, um meine Klienten sicher durch ähnliche Herausforderungen zu begleiten und ihnen Zeit bei dieser Transformation zu sparen, beschreibe ich in diesem Buchkapitel.

Begrifflichkeiten und Definitionen

Mir ist wichtig, dass du weißt, welche Bedeutung verschiedene Begrifflichkeiten, die ich in diesem Buch nutze, für mich haben. Deine Definitionen mögen anders sein. Diese hier funktionieren für mich.

Spiritualität

Im Rahmen meiner Doktorarbeit, die ich 2012 zu dem Thema „Spiritualität am Arbeitsplatz" geschrieben habe, musste ich mich zwangsläufig mit einer Definition auseinandersetzen (Spirituality in the Workplace: An Empirical Analysis of the Moderator Effect of Demographics on the Relationship among Spirituality, Attitudes, and Behavior at Work, Heinsohn, D., 2012). Damals war diese Definition sehr wissenschaftlich geprägt: „Spiritualität am Arbeitsplatz ist ein dynamischer Prozess, der es Individuen ermöglicht, ihre persönlichen Werte mit den organisatorischen Werten durch eine intime Verbindung zur eigenen Lebensenergie auszurichten. Diese Möglichkeit des Seins unterstützt Freude und Begeisterung bei der Arbeit, ein Gefühl der Erfüllung, Verbundenheit und Zugehörigkeit sowie eine konstante Verbindung mit dem eigenen Sinn des Lebens."

Die Rückmeldungen von mehr als 350 Umfrageteilnehmern aus aller Welt mit einer Vielfalt an demografischen Faktoren auf die Frage, was Spiritualität für sie bedeute, kann man wie folgt zusammenfassen:

- eine Macht/Kraft, die größer ist als wir,
- ein Gefühl der Verbundenheit und Gemeinschaft,
- Sinn/Sinnhaftigkeit,
- Leben nach persönlichen Werten.

Für mich öffnet Spiritualität einen Raum, in dem ich praktizieren kann, woran ich glaube. Insofern hängt Spiritualität nicht davon ab, ob oder welcher Glaubensrichtung ich mich verschreibe, was die Ergebnisse meiner Recherchen verdeutlicht haben. Heute, nach vielen Jahrzehnten praktischer Erfahrung von Heil- und Energiearbeit gepaart mit meiner wissenschaftlichen Arbeit, ist für mich die Essenz meiner Definitionen: Spiritualität ist die Anbindung zum Göttlichen.

Spiritualität am Arbeitsplatz – Essenz aus meiner Doktorarbeit zu dem Thema

Ich kann gar nicht zählen, wie oft mir die Frage gestellt wurde, wie Arbeit und Business denn mit Spiritualität zusammenpassen würden? Die Kombination war 2010, als ich mit meiner Forschung zu Spiritualität am Arbeitsplatz begann, in der Tat noch nicht so salonfähig wie heute.

Meine Motivation für diese Arbeit basierte auf zwei Eckpfeilern: Zum einen meine Überzeugung, dass Menschen ihr ganzes Sein mit zur Arbeit bringen und nicht beim „Einstempeln" Anteile von sich vor der Tür lassen, zum anderen die Neugier, was an Potential freigesetzt werden könnte, wenn man die Mitarbeiter in ihrer Gesamtheit wertschätzt und anerkennt.

Meine Arbeit zeigt: Wenn man Spiritualität in die Arbeitswelt miteinbezieht, verbessern sich dadurch nicht nur die Einstellung und die Haltung zur Arbeit, sondern auch das Arbeitsverhalten an sich. Das Risiko von Stress und Burnout verringert sich. Diese Effekte haben einen positiven Einfluss auf die Triple-Bottom-Line (auch Drei-Säulen-Modell genannt): „people, planet, profit" (soziale, ökologische und ökonomische Auswirkungen).

Burnout

Beim Burnout handelt es sich um ein Gefühl völliger Erschöpfung. Die betroffenen Menschen fühlen sich chronisch überlastet und nicht mal nur kurz gestresst, sondern „ausgebrannt“, wie die englische Bezeichnung dieses Symptoms schon vermuten lässt. Zwei Faktoren beeinflussen sich dabei in ungünstiger Weise. Von innen sind es die Neigung zum Perfektionismus, eine hohe Erwartungshaltung an sich selbst sowie Zeit- und Leistungsdruck beispielsweise durch eine Vielzahl an Rollen, die man einnimmt (wie beispielsweise Arbeitnehmer, Partner, Elternteil, Kind eines zu pflegenden Elternteils, um nur einige zu nennen). Von außen sind es die Erwartung, immer erreichbar sein zu müssen, sich verwischende Grenzen zwischen Arbeit und Freizeit, belastende Situationen bei der Arbeit, wenn beispielsweise ausscheidende Kollegen nicht ersetzt werden, Stimmung der Angst wegen des Weltgeschehens, sowie eine Unmenge an weiteren Umständen, welche Aufmerksamkeit erhalten. Ein Burnout kommt nicht über Nacht, sondern entwickelt sich über einen längeren Zeitraum in Phasen, bei denen die eigenen Bedürfnisse immer mehr vernachlässigt werden.

Selbstermächtigung

Im Englischen würde man Empowerment sagen. In dem Wort steckt „Power“. Macht. Es geht darum zu erkennen, wie mächtig man selbst ist, damit man die Fäden des Lebens (wieder) in die eigenen Hände nehmen kann. Schon in unserer Kindheit haben wir gelernt, dass wir gelobt und weniger bestraft werden, wenn wir uns anpassen, und dass andere Entscheidungen für uns treffen. Dieses etablierte Programm ist bei vielen auch im Erwachsenenalter noch aktiv und wird selten in Frage gestellt, weil es normalerweise unbewusst abläuft. Wenn ich jedoch andere für mich entscheiden lasse, bin ich gleichzeitig in einer Abhängigkeit und in der Opferhaltung, weil ich ja nichts tun kann. Selbstermächtigung bedeutet, die Opferrolle hinter sich zu lassen und Verantwortung für sich und sein Leben zu übernehmen. Man erkennt seinen eigenen Wert, vertritt seine Interessen eigenmächtig, nutzt die möglichen Gestaltungsspielräume, nimmt seine eigenen Ressourcen wahr und konzentriert sich auf seine Stärken. Selbstermächtigung bringt dich immer weiter zu deiner Essenz, zu dem, was du wirklich willst. Du gewinnst die Erkenntnis: Ein „Ja“ zu mir ist nicht automatisch ein „Nein“ zu anderen.

Mit dem gemeinsamen Verständnis meiner Definitionen lade ich dich ein, meinem Weg in die Selbstermächtigung weiter zu folgen.

(M)eine Reise zur Selbstermächtigung

Meine Entscheidungen sind manchmal radikal und oft mutig. Mein Vertrauen in das Leben, in das Geführt sein (für mich ist es Gott), übernimmt dann die Führung, bringt Zweifel zum Schweigen und öffnet den Raum für alle Möglichkeiten auch außerhalb meiner Vorstellungskraft. In diesem Zustand ist auch kein Platz für eine Neigung, alle möglichen Konsequenzen meiner Entscheidung bis ins letzte Detail zu durchdenken. Meine Rahmenbedingungen zu dem Zeitpunkt (keine Kinder, alleinlebend, keine zu pflegenden Angehörigen, finanziell gut aufgestellt) haben es mir sicherlich erleichtert, meinen neuen Weg einzuschlagen. Auch wenn ich dir damit eine Steilvorlage biete, dich weiterhin einer für dich wichtigen, möglichen Veränderung zu entziehen („Bei der war es ja einfach. Bei mir ist es viel komplizierter!“ oder so ähnlich), ist mir Transparenz wichtig. Denn meine Ausgangssituation hat es sicherlich begünstigt, diesen Weg ohne professionelle Begleitung zu gehen. Das kann ich nicht vorbehaltlos jedem empfehlen.

Rückblickend betrachtet wäre es sicherlich bequemer gewesen, wenn ich die Hinweise des Lebens und die hartnäckigen Signale meines Körpers eher richtig gedeutet und nicht einfach ignoriert hätte. Für mich war aber das sehr deutliche Zeichen notwendig, um endlich mal eine Bestandsaufnahme zu machen. „Wo stehe ich?“ ist die entscheidende Information, bevor man sich fragt: „Wo will ich hin?“ Bei der alltäglichen Planung eines Familienausflugs ist das so selbstverständlich: Startpunkt, Ziel, Route. Fertig. Aber eine Standortbestimmung im eigenen Leben ist halt doch etwas komplexer. Umso wichtiger ist es, alle Lebensbereiche zu beleuchten, um auch die blinden Flecke – wie bei mir der Umgang mit dem Thema Arbeit – identifizieren zu können.

<u>Bestandsaufnahme: Work-Life-Dance</u>

Work-Life-Balance war schon immer ein Thema für mich. Selbst am Anfang meiner Berufstätigkeit vor ca. 30 Jahren haben meine Eltern mich schon darauf hingewiesen, dass es doch nicht mein Unternehmen sei, für das ich arbeite. An Engagement hat es mir noch nie gefehlt! Nur an dem für mich richtigen und gesunden Maß.

Mich hat jedoch der Begriff „Balance“ schon immer irritiert. In einer perfekten Balance passiert nichts mehr. Es ist ein unbewegter Zustand. Aber ich will ja lebendig sein! Also habe ich den Work-Life-Dance (siehe nachfolgende Abbildung 1) entwickelt. Damit konnte ich mir alle relevanten Lebensbereiche bewusst machen.

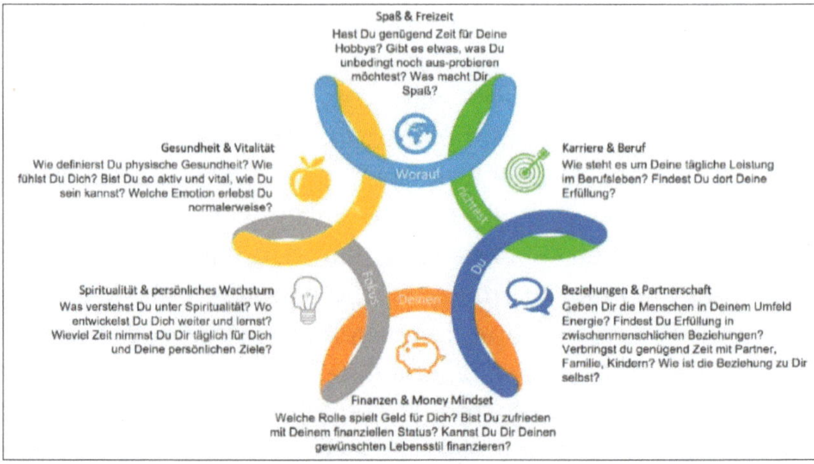

Abbildung 1: Work-Life-Dance, ©Dr. Dorthe Heinsohn, 2022

Die Abbildung verdeutlicht, wie alle Bereiche des Lebens miteinander verbunden sind und Einfluss aufeinander haben. Wenn wir davon ausgehen, dass wir 100% Energie haben, würde jeder der sechs Schlüsselbereiche ein Sechstel dieser Energie bekommen. Dann wären Spaß & Freizeit, Karriere & Beruf, Beziehungen & Partnerschaft, Finanzen & Money Mindset, Spiritualität & persönliches Wachstum sowie Gesundheit & Vitalität gleichberechtigt und unser Leben würde „rund" laufen. Soweit der Plan.

In meinem Fall hatten Karriere & Beruf in der Vergangenheit jedoch so viel Aufmerksamkeit bekommen, dass für Gesundheit & Vitalität nicht mehr genügend Ressourcen, hier dargestellt durch die farbigen Verbindungen, zur Verfügung standen. Die Schwierigkeit, das zu erkennen lag daran, dass Arbeit mir immer viel Spaß gemacht hat. Ich mochte meinen Chef, meine Kollegen, meine Mitarbeiter und fast immer meine Aufgaben. Letztendlich konnte ich in meinen Aufgaben jedoch keine Erfüllung finden. Sie haben mich lediglich von all dem Schmerz, der nicht gesehen werden wollte, verlässlich abgelenkt.

Und für meine Erfüllung, meine Bestimmung, musste ich aus meiner sicheren Komfortzone, dem Angestelltendasein, heraus. Ganz tief in mir drinnen hatte ich es schon lange geahnt, doch habe ich bewusst und unbewusst immer wieder weggeguckt und weitergemacht wie bisher. In der Komfortzone ist es halt auch gemütlich. Nachdem ich mit Hilfe des Work-Life-Dance eine umfassende Bestandsaufnahme aller Lebensbereiche gemacht habe, habe ich erkannt, wo ich stehe. Es war jedoch von ebenso großer Wichtigkeit mir klarzuwerden, welche Bedürfnisse ich habe.

Grundbedürfnisse – Was brauche ich? Was will ich?

Was brauche ich? Diese einfache Frage nach meinen Grundbedürfnissen hatte ich mir vorher noch nie gestellt. Viele Dinge, insbesondere in meinem Berufsleben, haben sich einfach so entwickelt. Ein neues Projekt, das sich spannend angehört hat, eine neue Position, die mich herausgefordert hat: Ich war dabei. Spontan und aus voller Überzeugung. Insofern war niemand schuld, mein ehemaliger Arbeitgeber nicht und ich auch nicht. Zu der jeweiligen Zeit hat es einfach gepasst. Und nun war es erforderlich zu verstehen, was eigentlich meine Bedürfnisse sind und wie ich sie, auch ohne ein ungesundes Übermaß an Arbeit, stillen kann.

Es gibt viele Theorien, die sich mit den Bedürfnissen der Menschen beschäftigen. Ich habe mit einem Modell gearbeitet, welches ich auf einem Tony Robbins Seminar gelernt habe (s. Auszüge davon in Abbildung 2). Seine Arbeit zu diesem Thema basiert auf der Forschung von Abraham Maslow und besticht durch seine Einfachheit.

#1: Gewissheit (certainty) • Sicherheit • Überleben	⟷ Zielkonflikt	**#2: Abwechslung** (uncertainty/variety) • Herausforderung • Abenteuer
#3: Bedeutung (significance) • Einzigartigkeit • Anerkennung	⟷ Zielkonflikt	**# 4: Zugehörigkeit** (love/connection) • Liebe • Verbundenheit

Abbildung 2: Grundbedürfnisse, Tony Robbins Seminar, 2021, Darstellung Dr. Dorthe Heinsohn

Wie man in der Abbildung erkennen kann, stellen die vier grundlegenden Bedürfnisse Paare von Bedürfnissen dar, die im Zielkonflikt zueinanderstehen. Und man kann diese Bedürfnisse auf konstruktive, neutrale oder destruktive Weise befriedigen.

Mögliche Wege für die jeweiligen Bedürfnisse sind beispielhaft:

- Glaube, Kontrolle, Beständigkeit, Essen, Identität und gelernte Hilflosigkeit (für #1 Gewissheit),
- Neue Beziehung, neuer Job, Umzug, Lernen, anregende Unterhaltungen, ungewohnte „Schlagzahl", Alkohol und Drogen (für #2 Abwechslung),

- Materielle Dinge, Titel, Kleidungsstil, Frisur, außergewöhnliches Hobby und sogar Gewalt, um Eindruck zu schinden (für #3 Bedeutung),
- Beziehungen, Spiritualität, Natur, Verein, Haustiere, Mitleid und Mitgliedschaft in einer Gruppe oder Gang (für #4 Zugehörigkeit).

In der ausführlichen Variante des Modells wird noch auf zwei weitere, geistige Bedürfnisse, nämlich persönliches Wachstum (growth) sowie Beitrag (contribution), eingegangen.

Ich machte mir bewusst, welche meiner Verhaltensweisen welche Bedürfnisse in dem Spannungsfeld befriedigen und probierte neue Verhaltensweisen aus, um aus den vertrauten Mustern auszubrechen. Insbesondere die bewusst neue Schlagzahl „langsam" war ein Game Changer. So einfach und gleichzeitig so wirkungsvoll. Vorher wäre ich nicht einmal auf die Idee gekommen, das Tempo mal rauszunehmen. Ebenso konnte ich die Sehnsucht nach Kontrolle anders als mit einem Mehr an Arbeit kompensieren. Alternativ habe ich meine Tagesabläufe beständiger gestaltet. Das hatte ich vorher vernachlässigt, um mich vermeintlich freier zu fühlen und um auf diesem Wege das Bedürfnis nach Abwechslung zu stillen.

Spiritualität im Alltag: Heil- und Energiearbeit

Schon seit über 25 Jahren lasse ich mich in verschiedenen Disziplinen der Energie- und Heilarbeit ausbilden und beschäftige mich intensiv mit der geistigen Welt, um meine Themen zu erkennen und abzuschließen. Spannenderweise war der Bereich Arbeit bis zu dem genannten Tag quasi ein blinder Fleck. Vielleicht auch, weil es genügend andere

Baustellen gab. Das Timing ist ja immer perfekt. Mit den neuen Erkenntnissen über meine destruktiven Muster wurde mir ein Puzzleteilchen präsentiert, welches mir lange gefehlt hatte. Nun konnte ich mit meiner Erfahrung in der Heilarbeit diese Prägungen hinter mir lassen und auch im Arbeitsleben dem Ruf meines Herzens folgen. Der Grundstein für meine Selbständigkeit war gelegt. Seitdem begleite ich Menschen sicher durch Veränderungsprozesse. Mit Leichtigkeit und Freude. Und manchmal mit einer Prise Magie.

Die Transformation meiner Klienten

Es ist sicherlich nicht überraschend, dass meine Klienten ähnliche Herausforderungen beim Beginn ihrer Transformation haben, wie ich. Das macht die Arbeit mit mir wertvoll. Ich war an der gleichen Stelle, ich habe einen Weg gefunden und ich bin da, wo meine Klienten hinmöchten: Raus aus dem Funktionieren, zurück ins Herz, rein in die Fülle!

Mögliche Motive meiner Klienten, etwas verändern zu wollen

Die Formulierung dessen, was tatsächlich verändert werden soll, ist am Anfang unseres Kontakts oft noch etwas schwammig. Die Symptome zeigen sich beispielsweise in einer inneren Leere, obwohl nach außen das ganze Leben perfekt aussieht. Oder in den nagenden Fragen „War das jetzt alles im Leben?“, „Was ist mein Beitrag?“, „Warum bin ich hier auf der Erde?“, „Was ist noch möglich?“, die sich mit dem Sinn des Lebens beschäftigen. Oder in dem Wunsch, wieder Freude und Nähe zu anderen Menschen empfinden zu können. Die Menschen spüren, dass das Leben mehr für sie in petto hat. Sie hören einen leisen Ruf, den sie noch nicht zuordnen können.

Sie tun sich schwer, all die möglichen Zusammenhänge ihres Lebens zu erkennen und einzuordnen. Und es ist in der Tat herausfordernd, all diese mit dem Intellekt nachzuvollziehen, zu analysieren und zu verstehen. Die Seele kommuniziert über Bilder, Metaphern, Bauchgefühl und Emotionen in einer subtilen, ungewöhnlichen Art, wenn man sich damit noch nicht beschäftigt hat. Die Menschen, die zu mir kommen, haben eines gemeinsam: den Wunsch, sich selbst wiederzufinden. Hinter all den Erwartungen, Prägungen, Gewohnheiten, Ängsten und Glaubenssätzen steht die Frage: Wer bin ich?

Hoffnungen und Chancen meiner Klienten

Die Natur, und somit auch jedes Individuum, hat den Trieb zu wachsen und sich weiterzuentwickeln, ansonsten stirbt etwas. Es gibt keinen Stillstand, auch wenn es manchmal bequem wäre und wir uns das zuweilen wünschen. Dieser angeborene Trieb nach Weiterentwicklung wird auch der Hoffnung auf ein erfüllteres Leben immer mehr Kraft geben, sobald diese es einmal ins Bewusstsein geschafft hat. Es ist die Sehnsucht nach Erfüllung, Leichtigkeit, tief empfundener Freude, Authentizität und Wiederentdecken des eigenen Ichs. Vielleicht kannst du dich ablenken und die Hoffnung eine Zeit lang wegdrücken. Aber sie wird sich wieder und wieder Gehör schaffen wollen. Das ist ja das Großartige: Du hast zu jeder Zeit die Möglichkeit, dich neu zu entscheiden. Da gibt es kein zu spät oder zu alt oder zu irgendetwas.

Wesentliche Ängste und Herausforderungen meiner Klienten

Eine der größten Ängste, die die Klienten am Beginn ihrer Transformation mitbringen, ist der Umgang mit dem Partner, der Familie oder dem Umfeld im Allgemeinen. „Was passiert mit den anderen, wenn ich mich verändere?“ ist eine der wichtigen Fragen, die sie umtreibt. Es ist die Sorge, dass sich die im Leben wichtigen Menschen abwenden, wenn man sich endlich so zeigt, wie man im Kern seines Wesens ist, oder einfach nur, wenn man sich verändert und weiterentwickelt. Diese Angst hat sich in allen Fällen als unbegründet herausgestellt. Obwohl die innere Transformation oft rasch vollzogen ist, da wir ohne Umweg direkt an die Ursachen gehen, ist die Veränderung für die Umwelt doch behutsam und wenig eklatant. Im Gegenteil: Wenn ein Klient immer mehr zu seiner Wahrheit zurückkehrt und authentischer wird, fällt es auch den anderen, oft unbewusst, leichter, dies ebenfalls zu tun. Und es bewahrheitet sich immer wieder: Ein „Ja“ zu mir ist kein „Nein“ zu anderen.

Eine weitere große Angst meiner Klienten ist es, die Kontrolle zu verlieren. Auch wenn Kontrolle nur eine Illusion ist, gibt sie doch vielen ein Gefühl der Sicherheit, wie ich im Abschnitt über die Grundbedürfnisse näher erläutert habe. Die Menschen, die mit mir arbeiten, werden landläufig als Kopfmenschen bezeichnet. Sie lassen sich eher vom Verstand als vom Bauchgefühl leiten und oft haben sie das Vertrauen in ihre Intuition verloren. Sie sorgen sich um den vermeintlichen Kontrollverlust, wenn die Gefühle sich erst einmal einen Weg durch die selbst errichteten Mauern gebahnt haben. Auch diese Angst weicht einer großen Erleichterung, wenn meine Klienten das erste Mal erleben, wie die Stimme ihres Herzens sie nährt und unterstützt. Es ist die Gewissheit, dass die eigene Intuition eine zusätzliche Ressource auch für schwierige Entscheidungen ist, die sie zum Strahlen bringt und die anfänglichen Sorgen verblassen lässt.

Nicht direkt Angst, aber zumindest einige Fragezeichen, verbunden mit aufgeschlossener Neugier, beziehen sich auf meine Arbeitsmethoden. Ich übersetze die Informationen aus der geistigen Welt für meine Klienten, damit diese sie verstehen. Das ist zugegebenermaßen für den Intellekt schwer nachvollziehbar, aber mit allen Sinnen leicht erlebbar. Wenn ich dir beispielsweise schon bei unserem ersten Kontakt Informationen, die ich normalerweise und nach deinen bisherigen Vorstellungen nicht wissen kann, zur Verfügung stelle, weil sie für dich und deine Weiterentwicklung essenziell wichtig sind, verwandeln sich die Fragezeichen in Erstaunen. Diese Informationen kommen ja aus dir und möchten in dein Bewusstsein. Das Schöne bei der Einbindung deiner geistigen Welt (selbstverständlich erst nach deiner Erlaubnis und Einwilligung) ist, dass alles immer zu deinem höchsten Wohl geschieht und nur die Häppchen preisgegeben werden, die dein System in dem Moment für die Entwicklung braucht und verarbeiten kann.

<u>Erkenntnisse und Ergebnisse meiner Klienten</u>

Oft ist das Thema, mit dem die Klienten zu mir kommen, gar nicht das eigentliche Thema, das sich hinter den Kulissen verborgen hat und endlich bearbeitet und aufgelöst werden möchte. Ganz grundsätzlich gibt es bei dem Prozess viele Aha-Momente über Zusammenhänge, die befrieden und sehr viel Sicherheit geben. Der Einfluss der Familie, insbesondere der Ahnen, wird oftmals unterschätzt. Hier geht es nicht nur um eine glückliche oder unglückliche Kindheit, sondern um Themen, die sich über Generationen ansammeln und quasi immer an die jeweiligen Kinder weitergegeben werden. Da wir zu der Generation gehören, die im Normalfall genügend Essen auf dem Tisch hat und nicht aktiv in Kriege eingebunden ist, haben wir jetzt die Gelegenheit, diese Prägungen und Muster für die Ahnenreihe und uns selbst zu heilen. Unsere Eltern bzw. Großeltern hatten ganz andere Sorgen. Die Erkenntnisse („Ach, das Thema ist gar nicht meins, sondern von XY") und deren Wirkung sind jedes Mal phänomenal und bringen viel Vergebung und Verständnis für andere und für sich selbst. Der Entwicklungsprozess ist nie fertig. Es gibt immer Neues zu entdecken, weil sich alles zur idealen Zeit präsentiert oder man sich „zufällig" erinnert. Und die Einsichten greifen ineinander und dringen behutsam in tiefere Schichten.

Das schönste Geschenk in dieser Begleitung ist jedoch die Erfahrung, dass Veränderung leicht sein kann, Spaß machen darf und keinesfalls erneutes Drama oder Schmerz benötigt. Die Klienten werden insgesamt feinfühliger für das, was um sie herum geschieht, und erkennen Zusammenhänge leichter. Dieser Perspektivwechsel hilft ebenfalls dabei, nicht im eigenen Drama zu bleiben, wenn sich etwas Bedeutungsvolles ereignet, sondern weniger emotional auf die Situation zu schauen, um dann zu entscheiden, wie man reagieren oder was man tun möchte. Diese Vorgehensweise nimmt viel Druck aus dem gesamten System, in dem man gerade agiert.

Deine nächsten Schritte

Du hast ein Thema, das dich beschäftigt und gegebenenfalls schon länger deine Aufmerksamkeit fordert? Wahrscheinlich bist du es leid, es weiterhin zu ignorieren, sonst würdest du diese Zeilen nicht lesen. Dann hast du die Möglichkeit, es ein weiteres Mal alleine zu probieren oder in eine professionelle Begleitung zu investieren.

Auf eigene Faust – Praxistipps

Nimm dir eine (wenn auch nur kurze) Auszeit, idealerweise in einer nicht alltäglichen Umgebung, offline, ohne Ablenkungen, und mache eine Bestandsaufnahme. Beginne die Inventur mit einem weißen Blatt Papier. Starte mit den Dingen, die dir wichtig sind. Stell dir vor, es geht dabei nicht um dich, sondern du berätst deinen besten Freund in dieser Angelegenheit und hast dabei sein höchstes Wohl im Blick. Das macht es weniger emotional und dir kommen bestimmt noch mehr kreative Ideen.

Nutze die Zeit für eine Bestandsaufnahme anhand des Work-Life-Dance und erkenne, welche Lebensbereiche bei dir in welcher Intensität ausgeprägt sind. Nimm dir Zeit, über die jeweiligen Fragen zu reflektieren. Male dir ein Rad auf. Dabei sind die genannten Lebensbereiche die sechs Speichen des Rades. Im Mittelpunkt sind 0%, ganz außen 100%, das dein für dich vorstellbares Ideal darstellt. Trage nun die Prozentzahl auf, bei der du dich heute befindest und verbinde die Bereiche miteinander. Würde dein Rad rund laufen? Welchen Aspekten des Lebens möchtest du mehr Aufmerksamkeit schenken, damit es runder läuft? Nutze diese Ergebnisse und gleiche sie mit deinen Grundbedürfnissen ab. Berücksichtige bei dieser Inventur auch, wer oder was dir Energie gibt oder raubt. Mit welchen Menschen umgibst du dich? Inspirieren sie dich und bist du durch den Kontakt mit ihnen motiviert, dich weiterzuentwickeln? Oder möchten sie, dass du so bleibst, wie du bist?

Finde etwas, bei dem du ganz du selbst sein kannst. Probiere etwas Neues aus, bei dem es nicht um gut sein, sondern nur um Spaß haben und Erfahrungen machen geht. Betreibe oder entdecke ein neues Hobby, bei dem du im Moment präsent und fokussiert sein musst. Bei mir ist es Enduro fahren und Tango Argentino tanzen. Im Gelände oder in der Musik gibt es nur den Moment. Meine Gedanken haben bei diesen Aktivitäten gar keine Option, etwas aus der Vergangenheit zu bereuen oder sich um etwas in der Zukunft zu sorgen.

Gönne dir Zeit in der Natur. Wenn du dich darauf einlässt, wird der Rhythmus der Natur dich entschleunigen, wird der Wind dir den Kopf freiblasen und wird dich die frische Luft durchatmen lassen (für ausführliche Benefits lies das Kapitel über Waldbaden von Silke Rusch, ebenfalls in diesem Buch). **Sei bei all dem gütig und milde mit dir. Und geduldig.**

Mit Begleitung

Wenn Geduld nicht zu deinen Stärken zählt und du es oft genug alleine probiert hast, die entscheidende Stellschraube für deinen Durchbruch zu finden, dann empfehle ich dir eine professionelle Begleitung. Ich coache 1:1, das heißt, du bekommst meine volle Aufmerksamkeit und mein Angebot ist individuell auf deine Bedürfnisse zugeschnitten. Je nachdem, was dich mehr anspricht, können wir in Präsenz oder virtuell arbeiten. Unsere Zusammenarbeit beginnt immer mit einem ausführlichen Gespräch oder Telefonat, bei dem wir gemeinsam herausfinden, was du brauchst und ob wir zueinanderpassen. Ich freue mich auf deine Kontaktaufnahme.

Die Autorin

Dr. Dorthe Heinsohn ist Expertin darin, Menschen sicher durch Veränderungsprozesse zu begleiten. Die promovierte Betriebswirtin ermöglicht ihren Klienten eine leichte und schnelle Transformation durch ihre einzigartige Verbindung von Wirtschaft, Wissenschaft und traditioneller Heilarbeit. Mit ihrer Doktorarbeit zum Thema Spiritualität am Arbeitsplatz belegte sie den 3. Platz beim „Most promising dissertation award“ der namhaften Academy of Management („Spirituality in the Workplace: An Empirical Analysis of the Moderator Effect of Demographics on the Relationship among Spirituality, Attitudes, and Behavior at Work", 2012).

Sie ist zertifizierter Coach und Teamberater (DBVC) und ein Allrounder in Personal- und Organisationsthemen mit Liebe für Menschen und Affinität zu Zahlen.

Über zwanzig Jahre war sie mit Freude in der Wirtschaft tätig, fand ihre Herausforderungen in existentiellen Projekten und internationalen Führungsaufgaben. Heute ist sie Inhaberin von Dr. Heinsohn Consulting, einem Anbieter für Persönlichkeits-

und Organisationsentwicklung, bei dem sie ihre Gabe voll ausleben kann: Menschen befähigen und in Leichtigkeit durch tiefe, heilsame Transformationsprozesse begleiten. In Klarheit, mit Wertschätzung und Humor und manchmal einer Prise Magie.

Kontakt: www.heinsohn-consulting.com

SCAN ME

Milena Kostic

Müde und erschöpft? Raus aus der Überforderung – Rein ins Leben

Du kannst mit einfachen Übungen, die leicht in den Alltag zu integrieren sind deine Mitte wieder finden. Der Übergang von Herausforderung zu Überforderung ist oft eine Gratwanderung und ein ernstzunehmender Wegweiser zum Burnout. Gerade in sozialen Berufen oder bei hochsensiblen Menschen ist das oft ein schleichender Prozess. Überforderung in Beruf und Familie, sowie immer höher, schneller, besser, schöner ist allgegenwärtig. Es beginnt mit Erschöpfung und endet meist in einem Burnout oder Depressionen. Das muss nicht sein! Lass dir helfen! Kinder sind davon genauso betroffen wie Erwachsene.

Achtsamkeit und Entspannung ist in aller Munde. Die Frage ist nur wie setze ich das Ganze überhaupt um?

Diese Frage hatte ich mir auch eines Tages gestellt als ich merkte das es so nicht mehr weitergehen kann. Ich fühlte mich durch meinen Beruf als selbständige Physiotherapeutin und als alleinerziehende Mutter irgendwann vollkommen erschöpft.

Als hochsensibler Mensch habe ich natürlich bereits hohe Ansprüche und Anforderungen an mich selbst. Dies wiederum erzeugt noch mehr Druck. Zeitdruck ist in sozialen Berufen ein sehr großes Thema und macht wirklich keinen Spaß. Dabei sollte das, was wir tagtäglich machen, also unsere Arbeit auch Freude bringen und uns erfüllen in irgendeiner Art und Weise. Viele steigen aus ihrem Beruf aus, weil sie den Druck nicht mehr aushalten und ihre Freude verloren haben.

Als Mutter eines hochsensiblen Kindes wurde es dann für mich auch nicht gerade einfacher. Es wurde mir suggeriert das man in der heutigen Gesellschaft stark sein muss, ansonsten geht man unter. Da gibt es anscheinend keinen Platz für sensible Menschen und für hochsensible schon mal gar nicht. Viele wissen erst gar nicht was es überhaupt bedeutet, hochsensibel zu sein. Welche große Gabe das ist. Dabei sind ca. ein Viertel aller Menschen hochsensibel. Akzeptieren kam für mich nicht in Frage!

Ein Perspektivenwechsel war notwendig, um mich neu zu ordnen. Da ich leidenschaftlich gerne meinen Beruf ausübe und mich gerne weiter und fortbilde, habe ich das Lernen als Puffer für den Stress genutzt. Ich habe das getan, was mir Spaß machte, und konnte aus dem Gelernten vieles in meinen Alltag integrieren und für mich nutzen.

Ich ließ mich unter anderem im Face Reading (dem Gesichtslesen) sowie in der Astrologie bei verschiedenen Lehrmeistern ausbilden. Vor allen Dingen ließ ich meiner lang vergrabenen und unterdrückten Hochsensibilität seinen freien

Lauf. Heute profitieren meine Patienten, Kunden, Eltern und Kinder davon.

Wer bin ich wirklich?

Es geht darum zu wissen, wer ich wirklich bin. Was will ich überhaupt?

Meistens identifizieren wir uns über unseren Titel oder unseren Beruf, den wir ausüben. Nur sind wir das wirklich? Macht uns das wirklich aus? Es geht um unsere persönlichen Bedürfnisse. Wenn ich mich selbst nicht kenne, kann ich auch nichts an meiner Situation ändern.

Wichtig wäre zu wissen wo meine Talente liegen und welche Lebensaufgaben ich habe. Vor allen Dingen sollten das Eltern über ihre Kinder wissen, um sie nicht in die Überforderung zu drängen, sondern sie zu entlasten, indem sie ihnen Dinge ermöglichen, die ihren Talenten entsprechen.

Meist beginnt die Überforderung bereits im Kindesalter. Zu viele Erwartungen und selbst ungelebte Talente der Eltern werden oft auf die Kinder projiziert. Ein Kind, welches eher das Talent der Kommunikation hat, wird sich vielleicht schwer tun mit den anderen im Sandkasten zu spielen, eine Burg zu bauen und sich dreckig zu machen. Das wird dann gleich pathologisch und als nicht normal gedeutet. Kinder wechseln oft ihre Hobbys, das ist ganz normal, wenn sie viele Talente haben, dann probieren sie sich aus und entscheiden selbst, was für sie stimmig ist. Lasse Veränderung zu, sie ist ganz normal und auch sehr wichtig für die Entwicklung und auch für die Zufriedenheit.

Mir hat da die Schriftlichkeit sehr gut geholfen. Wenn ich etwas niederschreibe, dann sehe ich die Tatsachen schwarz auf weiß vor mir. In eine Spalte kommt, was ich will und in die andere was ich nicht will. Dann schreibe ich alles auf und zum Schluss sehe ich was überwiegt und wo ich ansetzen darf. Dann kann ich mir konstruktive Gedanken über die Umsetzung machen.

Foto: Milena Kostic

Abenteuer Umwelt

Hast du schon einmal innegehalten und dir mal die Welt um dich herum angeschaut? Das muntere Treiben um dich herum? Wie geht es dir damit? Wie kommt es bei dir im Körper an? Spüre auch in dich hinein. Wie fühlt sich dein Körper an?

- Müde
- Erschöpft
- Gereizt
- Ärgerlich
- Traurig
- Niedergeschlagen

- Verspannt
- Schmerzhaft
- Steif

Spüre und beobachte einmal konzentriert dich, deinen Körper und deine Umwelt. Das lässt dich deinen Alltag anders erleben. Du erkennst schneller deine Belastungsgrenze und gibst der Überforderung keinen Raum.

Wir gehen meist mit einem Tunnelblick durch den Alltag und sehen nicht was links und rechts ist, oder oben. Meist ist unser Blick nur nach vorne und vielleicht noch nach unten gerichtet. Unsere Gedanken hängen meistens in der Vergangenheit oder in der Zukunft, darüber hinaus versäumen wir das im Hier und Jetzt zu sein.

Schau öfter mal in den Himmel, am besten an einem Baum hoch. Du wirst dich wundern welche enorme Wirkung das hat. Du kannst Kraft aus der Natur und den Bäumen schöpfen.

Foto Milena Kostic

Work-Life-Balance

Jeder spricht davon. Nur wie komme ich in die Balance und wie kann ich diese in meinen Alltag integrieren?

Wie komme ich in den ausgeglichenen Zustand zwischen Arbeit und Privatleben?

Ich setze mir Ziele: für die nächsten Tage, Wochen, Monate und auch Jahre.

Du übernimmst dadurch die Eigenverantwortung für deine Zeit.

Stell dir vor du bist ein Schauspieler, der eine Rolle spielt. Mach dir bewusst welche Rollen du in deinem Leben spielst. Neben deinem Beruf bist du Mutter/Vater, Schwester/Bruder, Tochter/Sohn, Tierhalter/in, Tennisspieler/in, aktiver Tierschützer/in....

Hast du alle bewusst gewählt?

Welche fehlen dir, um dich glücklich und zufrieden zu fühlen?

<u>Was dir beim Umsetzen hilft:</u>

- Halte Ordnung (das bringt dir mehr Luft)
- Erledige unangenehme Dinge zuerst (das macht weniger Druck)
- Setze dir Ziele (kleine Ziele sind ein erster Schritt)
- Vereinbare Termine mit dir selbst (und halte sie dann auch ein)
- Triff dich mit Freunden

- Bring Bewegung in dein Leben (Bewegung baut Stress ab)
- Ernähre dich gesund und ausgeglichen
- Entspanne dich (kleine Übungen können dir dabei helfen)
- Treibe nach Möglichkeit regelmäßig Sport (ohne Leistungsdruck)

Tu dir immer wieder mal etwas Gutes wie z.B. eine Schokoladenmassage. Das tut der Haut gut. Der wohlige Geruch von Schokolade regt die Lebensgeister an und macht glücklich.

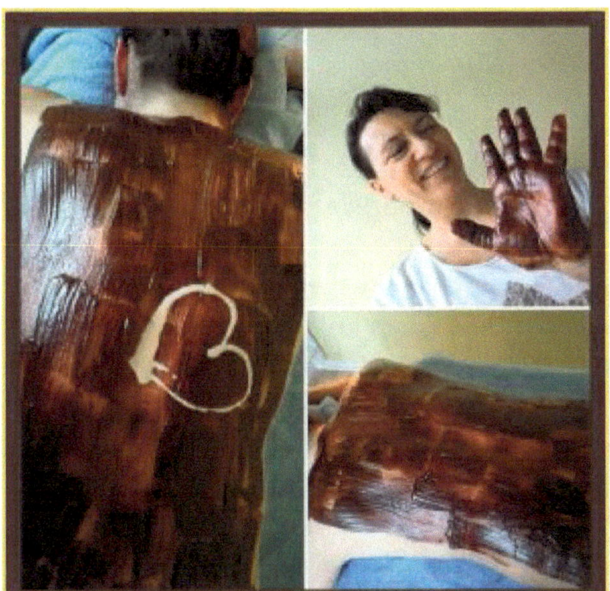

Foto Milena Kostic

Achtsamkeit und Entspannung

Achtsamkeit zu üben, bedeutet bewusstes Erleben. Dies kann gut in den Alltag integriert und antrainiert werden. Durch verschiedene Übungen kann Stress gezielt abgebaut werden.

1. **Übung**

- Achtsames Atmen beim Gehen
- Atme ein und langsam wieder aus
- Beim Einatmen 3-4 Schritte vorwärts gehen
- Beim Ausatmen 4-6 Schritte vorwärts gehen

Die Ausatmung sollte immer länger sein als die Einatmung.

2. **Übung**

Rückwärtsgehen für körperliches und geistiges Wohlbefinden:

- Entlastet den unteren Rücken
- Entlastet die Gelenke in Knie und Füße
- Bringt Ausgleich in der Beinmuskulatur (durch vieles sitzen verkürzen die Hüftbeugemuskeln sowie die rückwärtigen Beinmuskeln, dadurch kommt auch der Rücken in Bedrängnis)
- Stärkt unser Körperbewusstsein
- Erhöht die Denk – und Lernfähigkeit
- Das Gleichgewicht wird durch das Anregen der Sinne verbessert
- Kinder können sich z.B. in der Schule besser konzentrieren

- Sie sind auch aufmerksamer und durch den Ausgleich der Spannung in den Muskelgruppen fällt das Sitzen in der Schule auch leichter
- Ausgleich des Lymphflusses bei sitzenden Tätigkeiten

Langsam mit dem Rückwärtsgehen beginnen und dann steigern bis zu 15 Minuten

Im Land der Mitte wird diese Übung regelmäßig für ca. 3–4-mal pro Woche bis zu 15 Minuten praktiziert.

Als Steigerung kann die Atmung auch beim Rückwärtsgehen mit integriert werden.

3. <u>Übung</u>

Schließe deine Augen für einen Moment und lenke deine Aufmerksamkeit in deinen Körper hinein.

Fange am Kopf an und leite deine Aufmerksamkeit mit deinem Atem zusammen durch den gesamten Körper bis zu deinen Füßen.

Wie fühlt sich das für dich an?

Wo spürst du Verhärtungen oder Verspannungen? Wo stockt oder blockiert es den Atemfluss?

Welche Emotionen kommen dabei hoch?

Du kannst mit einfachen Dehnungsübungen an diesen Stellen arbeiten oder dir einen kleinen Ball oder Faszienrolle zur Hand nehmen, um die Stellen zu bearbeiten. Wichtig ist das du sie überhaupt einmal wahrnimmst.

Falls Emotionen dabei hoch hochkommen, spüre welche es sind und ob du sie mit einer bestimmten Situation in Verbindung bringen kannst.

Unterstützend kann dir eine Fußmassage, die du mit oder ohne Partner ausführst, wieder Halt geben, deine Verspannungen nehmen und deine Wurzeln pflegen. Vorher ein warmes Fußbad mit etwas Öl und Salz ist die beste Vorbereitung. Mit deinen Füßen machst du den ersten Schritt in deinem Leben und sie tragen dich ein Leben lang. Über die Füße hast du einen guten Zugang zu deinem ganzen Körper und kannst schnell Entspannung ins überlastete System bringen.

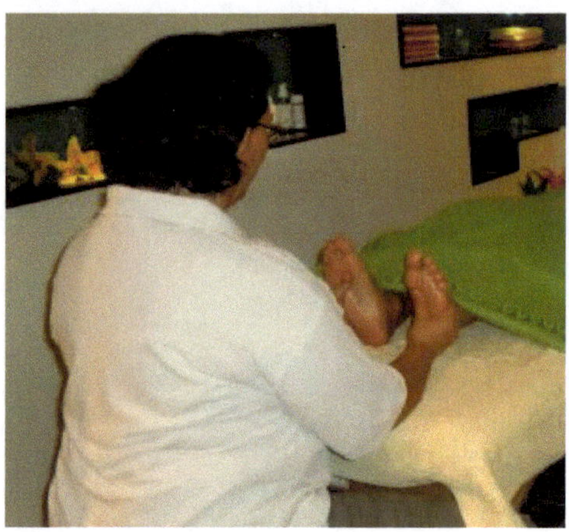

Foto Milena Kostic

4. Übung

Nimm dir eine Rosine, eine Feige, eine getrocknete Physalis oder ein anderes Obst deiner Wahl in den Mund und lasse sie einfach eine Weile auf der Zunge liegen. Spüre die Konsistenz und das Aroma. Bewege sie dann mit der Zunge im Mund. Kaue sehr langsam und achtsam bis sie sich im Mund zersetzt. Das kannst du übrigens auch mit deinem Pausenbrot machen, durch das vermehrte und achtsame kauen wird deine Verdauung positiv beeinflusst.

Foto Milena Kostic

Nimm auch du dir ab und zu eine Auszeit vom Alltag im Alltag. Ja, das geht auch im Alltag. Mit der richtigen Technik auf dich abgestimmt. Denn jeder Mensch ist individuell und anders. Lass dich inspirieren und finde die richtige Lösung für dich.

Über die Autorin

Milena Kostic wanderte als 1969 mit ihren Eltern von Jugoslawien nach Deutschland aus. Hin und hergerissen zwischen zwei Kulturen wuchs sie im Schwarzwald auf und kennt alle Stressoren, die damit behaftet sind, insbesondere für Mädchen und Frauen.

Geprägt durch die schwere Krankheit ihres Vaters entschloss sie sich anstatt Fremdsprachen für den Beruf als Physiotherapeutin in dem sie bis heute in Bietigheim-Bissingen in eigener Praxis tätig ist.

Es folgten viele Fortbildungen und Ausbildungen im In- und Ausland in den verschiedensten Bereichen der Physiotherapie und der Entspannungstherapie sowie Medical Wellness. Sie ließ sich unter anderem in der hohen Kunst des Gesichtlesens, dem Face Reading sowie der Astrologie ausbilden. Immer im

Fokus weitere Möglichkeiten für die Gesundheit der Menschen zu erhalten.

Die Kombination zwischen Physiotherapie, Gesichtlesen und Astrologie ist einzigartig, genauso wie der Mensch selbst.

Als Hochsensible mit einem hochsensiblen Kind weiß sie um die Problematiken im Alltag von Eltern, Kindern und Pädagogen und ist auch in diesem Gebiet beratend tätig.

Website: https://praxis-kostic.de

SCAN ME

BEA PAWLICZAK

VIEL BESCHÄFTIGT UND DOCH LUST AUF MEHR GELASSENHEIT UND LEBENSFREUDE? SO HILFT DIR DEIN BESTES INNERES TEAM!

A. Fremdgesteuert oder selbstbestimmt und welche Rolle spielt dabei die SelbstVerantwortung?

Kennst du das auch?

Du bist engagiert, gewissenhaft und gibst stets dein Bestes. Pflichtbewusst erfüllst du deine Aufgaben und übernimmst Verantwortung. Du hast ein großes Herz und Mitgefühl für Andere. Sie können sich jederzeit auf dich verlassen - welch tolle Eigenschaften! Manchmal fragst du dich selbst, wie du diesen Spagat zwischen all deinen privaten und beruflichen Herausforderungen hinbekommst. Na klar, du strengst dich an und funktionierst irgendwie und natürlich geht es dir nicht immer gut damit.

Denn du spürst - nur zu funktionieren funktioniert nicht!

So manches Mal würdest du gerne „Nein!“ sagen, da es dir selbst zu viel wird. Doch du möchtest Niemanden verletzen und es am liebsten Allen recht machen. Schließlich möchtest du geschätzt und geliebt werden.

Nur - wo bleibst du dabei? Was ist mit deinen eigenen Bedürfnissen? Sorgst du auch gut für dich, wenn du dich immer wieder hintenanstellst?

Vielleicht geht es dir manchmal wie meiner Klientin Frau B.:

Letzte Woche kam sie zu unserer Coaching-Stunde mit akuten Rückenbeschwerden und erzählte vom vergangenen Wochenende. Die Kinder waren bei den Großeltern und sehr gerne hätte sie einfach einen Tag des Wochenendes nur für sich gehabt, ganz in Ruhe und in ihrem eigenen Rhythmus. Aus Sorge den neuen Partner zu verletzen, entschied sie sich jedoch gegen ihr eigenes Bedürfnis. „Nun, das Wochenende sei schon ganz nett gewesen und sie sei auch sehr gerne mit ihrem neuen Mann zusammen..." Da ich sah, wie sie das Sitzen auf dem Stuhl anstrengte, bot ich ihr für das weitere Gespräch an, es sich angenehmer zu machen und dabei besonders auf ihren Rücken zu achten. Sie wählte sich eine gemütliche Matte am Boden aus, nahe der Heizung und wechselte ab zwischen Sitzen, Liegen und sanfter Bewegung.

Mit dieser **Achtsamkeit für sich selbst** konnte sie mehr und mehr entspannen. Verbunden mit der körperlichen Entspannung löste sich auch ihre emotionale Spannung und Tränen durften fließen. Ihr wurde bewusst, dass bei ihrer Entscheidung für das gemeinsame Wochenende sie sich selbst hintenangestellt hatte. Ihr wurde deutlich, dass sie die

Verletzbarkeit ihres Partners wichtiger nahm als ihre eigene und sie erkannte darin ein altes Muster. Nachdem sie ihre Traurigkeit angenommen hatte, wurde ihr warm und leicht ums Herz und auch dem Rücken ging es gleich ein wenig besser.

Wie gut, dass wir nicht nur über das Thema gesprochen haben, sondern dass Frau B. auch ihre Gefühle annehmen und zulassen konnte. Ebenso die **achtsame Verbindung zu ihrem Körper** unterstützte sie in ihrem Wunsch, sich zukünftig selbst noch wichtiger zu nehmen. Auch half ihr die Idee, sich **nicht gegen** den Partner, **sondern für sich** selbst und damit letztlich zum Wohle der Partnerschaft zu entscheiden. Quasi wie im Flugzeug… zuerst sich selbst mit der Sauerstoffmaske versorgen, um dann auch gut für die anderen da sein zu können… Heute entscheidet sich Frau B. immer wieder für das eigene Wohlergehen und ihre Gesundheit, um nicht noch einmal in einen **Burnout** zu rutschen.

SelbstRegulierung ist dabei ein zentraler Schlüssel zum Erfolg!

Damit eine solch wertvolle Erfahrung nicht wieder verloren geht, braucht es eine innere Neuausrichtung auf sich selbst. Daraus entwickelt sich entsprechend ein neues SelbstVerständnis. Bis dieses SelbstVerständnis dann selbstverständlich wird, braucht es Zeit und Geduld. Wie heißt es so schön: „Das Gras wächst auch nicht schneller, wenn man daran zieht“ (Unbekannt). Jede persönliche Entwicklung ist ein Prozess und kann nicht, wie auf einer Fernbedienung einfach mit einem Klick umprogrammiert werden. Ist es nicht sogar ein stetiger Prozess, immer wieder zu erkennen, welche Anteile in unserem Leben zu viel sind und welche zu wenig zur Geltung kommen? Dürfen wir uns nicht immer wieder fragen:

„Was gibt mir Kraft und Energie und was raubt mir meine Energie?"

Wie würden wir sonst eine Schieflage in unserem Energiehaushalt erkennen, durch den Stress zum Nährboden unserer Gesundheit werden könnte?

Schaubild: Embodiment Plus - Bea Pawliczak

Apropos Stress und Burnout...

Schaue ich in meiner eigenen Geschichte zurück, wäre ich selbst vor ein paar Jahren beinahe in einen Burnout gerutscht. Das Ganze ist bekanntlich ein schleichender Prozess. Irgendwann hatte ich vermehrt Rückenschmerzen und meine angeborene Skoliose meldete sich immer öfter bei größeren Herausforderungen. Auch fühlte ich mich insgesamt weniger belastbar und schneller gereizt. Manchmal streikte mein Kreislauf und ich hatte eine Art Migräne, die ich so nicht kannte. Nun, Mitte 50 und in den Wechseljahren, das erklärt sich von selbst, dachte ich und doch war dies nicht alles...

Heute weiß ich - das waren meine StressReaktionen. Und heute weiß ich auch, dass dauerhaft negativer Stress mittlerweile eine Hauptrolle bei vielen unserer Erkrankungen spielt. Das ist schon allein deshalb so, weil er unser Immunsystem schwächt. Nicht von ungefähr hat die Weltgesundheitsorganisation WHO Stress zu einer der größten Gefahren des 21. Jahrhunderts erklärt.

Zum oben beschriebenen Zeitpunkt arbeitete ich schon mehr als 30 Jahre als Tanz- und Bewegungstherapeutin und davon über 20 Jahre in einer bekannten Berliner Klinik. Als einzige Spezialtherapeutin im Bereich Embodiment (dem Wechselspiel von Körper und Seele) hatte ich nicht nur mit sehr vielen PatientInnen zu tun, sondern auch mit vielen KollegInnen. Für mein großes Engagement wurde ich geschätzt. Es gab Zeiten, da war ich stolz darauf, was ich alles schaffen konnte, ohne krank zu werden. Meinen Selbstwert habe ich unbewusst über Leistung genährt. Belastet zu sein war für mich deshalb, bis zu einem gewissen Grad, normal. Dementsprechend hat es auch seine Zeit gebraucht, bis ich mir eingestehen konnte, dass ich so nicht mehr weitermachen wollte.

Vielleicht hätte ich es sogar noch weiterhin irgendwie geschafft - jedoch zu welchem Preis?

Verschiedene Ereignisse haben, Puzzle- für Puzzle-Stück, meine Entscheidung geformt. Nicht nur mein Kopf, mein Körper und meine Gefühle haben dazu beigetragen, sondern auch meine Seele. Tief in mir hatte ich verstanden: **Ich will in dieser Form nicht mehr weiter funktionieren und durchhalten! Ich will raus, aus dem Hamsterrad und selbstbestimmt leben! Und vor allem möchte ich mich auch gesund erhalten!** Gerade noch rechtzeitig habe ich die Reißleine gezogen, meine Stelle gekündigt und mein Leben neu ausgerichtet sowohl beruflich wie auch privat. Und was soll ich sagen: Ich habe es keinen Tag bereut!

So bin ich zum Beispiel zutiefst davon überzeugt:

- Jede Herausforderung ist gleichzeitig auch eine Heraus-Förderung!
- Alles im Leben will uns dienen, auch wenn wir es nicht immer erkennen können.
- Schließt sich eine Tür, so öffnet sich eine andere.

Mit meinem Ausstieg aus dem Hamsterrad gewann ich neue Freiräume, neue Ideen und neue Perspektiven. Schon immer war es mir wichtig, mich zu hinterfragen und weiterzuentwickeln, neue Erkenntnisse zu gewinnen und zu wachsen. Für diese besondere Zeit der Reflexion und Neuorientierung holte auch ich mir gezielt professionelle Unterstützung.

Zwei meiner wichtigsten Entscheidungen aus dieser Zeit stärken mich noch heute:

- Ab sofort übernehme ich für alles, was ich denke, fühle, mache oder auch nicht selbst die Verantwortung.
- Es darf mir gut gehen und auch dafür übernehme ich die Verantwortung!

Das hört sich vielleicht erst einmal banal an, ist es aber nicht. Denn jahrelang habe auch ich mich mehr um andere gekümmert und eigene Bedürfnisse hintenangestellt. Das Gefühl für Verantwortung war für mich bisher verbunden mit Anstrengung und Schwere, denn letztlich ist es unmöglich, für mündige Erwachsene die Verantwortung zu übernehmen.

Heute erlebe ich es als eine große Freiheit, nunmehr für mich und mein Wohlbefinden selbst die Verantwortung zu übernehmen und dafür immer wieder neue Antworten zu finden.

Ich liebe diesen Begriff und seine Bedeutung:

SelbstVerANTWORTung

Durch die oben beschriebene äußere aber vor allem auch innere Weichenstellung hat sich nicht nur in meinem privaten Umfeld vieles zum Besseren verändert, sondern auch beruflich. Rückblickend erkannte ich, dass mir vor allem in meiner klinischen Arbeit häufig Menschen begegnet sind, die nur wenig bewusst ihre SelbstVerantwortung lebten. Oft gaben sie ihre Verantwortung ab, an den Partner, den Chef, die Medikamente, den Arzt oder gar an das Wetter...

Selten waren sie mit ihrer Wahrnehmung bei sich und ihren Gefühlen.

Körperlich spürten sie sich wenig und wenn doch, dann meistens über Schmerzen. Stress, den sie über längere Zeit nicht beachtet hatten, war häufig der Nährboden ihrer Erkrankung. Unterstützung und Sicherheit suchten sie vor allem in äußeren Verbindungen und nicht in sich selbst.

Diejenigen, die sich dann doch öffnen konnten und bereit waren sich auf sich selbst, ihren Körper und ihre Gefühle einzulassen, waren am Ende froh und dankbar darüber. Denn sie erlebten, wie wertvoll es ist, sich zu spüren und mit sich selbst verbunden zu sein. Sie erkannten, wie hilfreich es ist, die **Wechselwirkung von Körper und Psyche zu verstehen und bewusst für sich einsetzen zu lernen**. Es hat sie unmittelbar unterstützt, wieder mehr zu gesunden und viele freuten sich auf die Umsetzung dieser Erfahrung im Alltag nach ihrer Entlassung.

Wie wertvoll wäre es dann, wenn es einen präventiven Ansatz gäbe, der den Stress bereits im Alltag reduziert und so die Gesundheit nachhaltig stärkt sowie die Lebensfreude erhöht? Diese Überlegung ließ mich nicht mehr los. Auf Grundlage meiner gesamten Expertise und langjährigen Erfahrung entwickelte ich darauf hin Schritt für Schritt mein spezifisches Konzept und **gründete mein eigenes Label: Embodiment Plus**.

Liebend gerne unterstütze ich heute vielbeschäftigte Frauen, die sich gestresst und belastet fühlen, wieder zurückzufinden in eine gesunde SelbstBalance.

SelbstBalance gefällt mir besser als Work-Life-Balance.

Warum? Letztendlich geht es doch um eine gesunde Balance in allen Lebensbereichen und Arbeit ist nur ein Bereich unseres Lebens. Leben und Arbeit sind meines Erachtens nicht getrennt voneinander zu erfahren.

Auch unser Körper, unser Geist, unsere Gefühle und unser Umgang mit Werten sind immer miteinander verbunden und wirken zusammen. Alles trifft sich in uns, in unserem Selbst, in unserer Persönlichkeit. Möchtest du eine gute Balance in deinem Leben, kannst du also jederzeit bei dir selbst ansetzen und Verantwortung für dich übernehmen. Denn du selbst bist der Mittelpunkt von Allem.

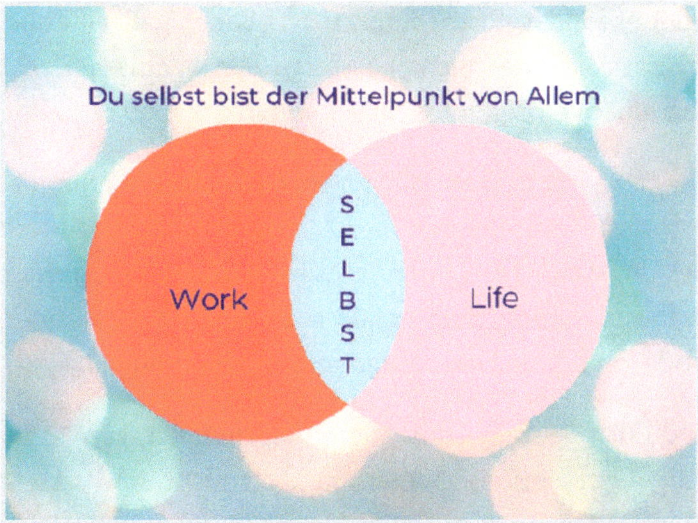

Schaubild: Embodiment Plus - Bea Pawliczak

B. Dein bestes inneres Team: Spielfeld, Trainer und Spieler

Das Spielfeld für dein bestes inneres Team ist dein SelbstKonzept. Was bedeutet das? Das SelbstKonzept umfasst die Wahrnehmung und das Wissen um die eigene Person und die persönlichen Eigenschaften. In ihm offenbart sich unsere Herkunft, wie auch unser aktueller und zukünftiger Werdegang. Im SelbstKonzept verbinden sich Anteile von Identität, Persönlichkeit, eigenen Kenntnissen und Fähigkeiten sowie von individuellen Potentialen, Werten und Vorstellungen. Wer und wie bin ich? Was kann ich und was weiß ich? Was will ich? Wo komme ich her und wo will ich hin?

Je besser du dich selbst gut kennst, annehmen kannst, liebst und bewusst versorgst, umso einfacher wird ein gesundes, zufriedenes und selbstbestimmtes Leben. Egal, was um dich herum passiert oder nicht passiert, dein Wohlergehen hängt nur von einem einzigen Faktor ab und der bist du selbst!

Alles beginnt mit deiner SelbstWahrnehmung und hier liegt oft schon das entscheidende Manko für die weiteren Entwicklungsschritte - denn: Wie kannst du dich selbst wahrnehmen, wenn dein Fokus nicht bei dir ist, sondern bei den Anderen und bei den Aufgaben, die zu erledigen sind?

Wenn du dich jedoch selbst nicht wahrnimmst, kannst du dich nicht bewusst spüren. Wenn du dich nicht bewusst spürst, kannst du nicht erkennen, wie es dir wirklich geht. Wenn du nicht erkennst, wie es dir wirklich geht, ist es auch nicht einfach, Mitgefühl und Verständnis für dich selbst zu entwickeln.

Schaubilder: Embodiment Plus - Bea Pawliczak

Mit deiner grundsätzlichen Entscheidung, SelbstVerantwortung für dein Leben und dein Wohlergehen zu übernehmen, kannst du dich jederzeit fragen, was du in dem jetzigen Moment am besten brauchen kannst. Je öfter du dich das fragst, umso einfacher wirst du Antworten bekommen, um damit gezielt für dich sorgen zu können. Mit der Weiterentwicklung all dieser SelbstAnteile, baust du gleichzeitig deine SelbstFürsorge aus, wie auch dein SelbstVertrauen und deine SelbstLiebe.

Trainer deines besten inneren Teams ist deine Achtsamkeit. Was meint das?

Achtsamkeit ist ein Gegenspieler zu unserem Autopiloten. Bist du achtsam, dann bist du voll da und bekommst vieles mit. Achtsamkeit heißt also im JETZT und ganz im Augenblick zu sein. Gehst du achtsam durchs Leben, dann nimmst du das, was in dir und um dich herum passiert, möglichst oft bewusst wahr.

Nutzt du Achtsamkeit gezielt, gewinnst du SelbstBewusstsein und SelbstKompetenz in allen Bereichen und dein Leben wird dadurch automatisch leichter.

Forschungsergebnisse von G. Zaltmann belegen, dass 95% unserer täglichen Entscheidungen per Autopilot stattfinden, also im Unterbewusstsein. Andere Studien zeigen, beispielsweise von A. Mehrabian, dass Worte nur etwa 7% unserer gesamten Kommunikation transportieren, ca. 35% die Stimme und der Tonfall. Der größte Teil der Kommunikation (55%) findet somit nonverbal statt, also über unsere gesamte Körpersprache von Mimik, Bewegung und Haltung. Dementsprechend sendet der Körper uns stets Signale und ist ein wertvoller Botschafter, nach innen und nach außen.

Welch großartiges Potential liegt also in der Erweiterung unseres Bewusstseins! Meiner Erfahrung nach können wir ein umfassendes Selbstbewusstsein allerdings nur erreichen, über Achtsamkeit und die Entwicklung eines KörperBewusstseins.

Die Spieler deines besten inneren Teams sind deine mentale, emotionale, körperliche und deine spirituelle Intelligenz.

<u>Deine mentale Intelligenz</u>

Vermutlich weißt du, dass wir immer nur einen Gedanken zur selben Zeit denken können, wie gut. Jedoch, mehrere Gedanken, die hintereinanderkommen und gar nicht mehr enden wollen, sind zumeist anstrengend. Wer kennt das nicht? Zu viele Gedanken verwirren und können uns „halb verrückt machen“. Vor allem, wenn sie voll von Sorgen und Befürchtungen sind. Tagsüber trüben sie unser Bewusstsein und in der Nacht lassen sie uns nicht schlafen. Auch hier gibt es keinen Knopf, der die Gedanken einfach ausschalten kann. Mit Achtsamkeit die Situation zu erkennen und anzunehmen, ist jedoch auch hier der Schlüssel etwas verändern zu können.

Nimm dir einen Moment Zeit, schau dir deine sorgenvollen Gedanken genauer an und frage dich: Was konkret befürchte ich? Was kann mir Sicherheit geben und wer oder was könnte mich dabei am besten unterstützen? Mache dir bewusst, dass deine Befürchtung lediglich eine Projektion in die Zukunft ist. Keiner weiß, wie die Zukunft wirklich aussehen wird. Es kommt sowieso, wie es kommt und häufig auch ganz anders als gedacht.

Warum sich also schon im Vorhinein mit trüben Gedanken belasten? Macht es nicht viel mehr Sinn, konstruktiv zu denken? Damit meine ich nicht, positives Denken mit rosaroter Brille, sondern das Denken in Möglichkeiten und Lösungen. Du wirst spüren, dass sich diese gedankliche, innere Haltung sofort auch anders anfühlt. Denn - unsere Gefühle entstehen aus unseren Gedanken und unserem Mindset, d.h. unseren Denkweisen, Überzeugungen und Verhaltensmustern. Unsere Gedanken sind also der Nährboden unserer Emotionen und unseres Seelenlebens. Passend dazu ein Zitat von Marc Aurel: „Die Seele hat die Farbe deiner Gedanken."

<u>Deine emotionale Intelligenz</u>

Manchmal ist es gar nicht so einfach zu unterscheiden, was gerade ansteht. Häufig sprechen wir vom Denken und meinen das Spüren oder umgekehrt. Wir sind verwirrt, wenn wir zu viel fühlen, wo wir denken sollten und zu viel denken, wo wir fühlen sollten. Wie wertvoll ist es also, wenn unser Verstand und unsere Gefühle am richtigen Platz und in einer guten Balance sind.

Eins ist allemal sicher - **Wir können das Leben nicht denken. Das Leben möchte gespürt und erlebt werden und dies in allen Facetten und mit allen Gefühlen!**

Denkst du auch, es gibt gute und schlechte Gefühle und manche sollte man besser gar nicht zulassen? Auch ich dachte einmal so... Ich glaubte beispielsweise, Wut sei ein schlechtes Gefühl und es ist besser, dies überhaupt nicht zu spüren. Damit waren mein Ärger und meine Wut jedoch nicht weg. So begann ich mich ausführlicher mit diesem Gefühl zu beschäftigen. Mittlerweile dient es mir in vielerlei Hinsicht, beispielsweise um Unstimmigkeiten zu spüren und anzusprechen, Nein zu sagen und mich abzugrenzen oder auch anders für meine Anliegen einzustehen. Meiner Ansicht nach gibt es deshalb keine schlechten Gefühle, sondern lediglich Gefühle, die sich schlecht anfühlen. Jedes Gefühl dient uns, indem es auf ein unbefriedigtes oder ein erfülltes Bedürfnis hinweist.

Deine körperliche Intelligenz

Lenke deine Achtsamkeit, deine bewusste Wahrnehmung immer wieder auf deinen Körper. So lernst du dich zu spüren und entwickelst automatisch dein KörperBewusstsein weiter. Dies kannst du einfach jederzeit in deinem Alltag praktizieren, egal ob du liegst, sitzt, stehst oder gehst und unabhängig davon, ob du mehr in Bewegung oder mehr in der Ruhe bist.

Dein Körper ist gewissermaßen dein Zuhause, denn er beherbergt deine Gedanken, deine Seele, deine Gefühle, dein Bewusstsein, deine Organe, alle Körpersysteme und vieles mehr. Wäre es nicht wunderbar, wenn du dich in deinem Körper auch so richtig zu Hause fühlen würdest?

Nehmen wir beispielhaft deinen Stand. Wie stehst du im Leben?

Deine Füße, in Verbindung mit dem Boden sind quasi das Fundament deines Zuhauses. Nutzt du einen stabilen Stand und hast dein Fundament entsprechend sicher aufgestellt? Wie ist dein Gewicht verteilt? Eher vorne, eher hinten, auf den Außenkanten oder mittig?

Hast du schon einmal darauf geachtet, wie du tendenziell stehst? Probiere es doch direkt einmal aus. Oder gehe in die Positionen auf den verschiedenen Fotos. Nimmst du dabei Unterschiede wahr? Achte dabei vor allem auf deine Körperspannung und deine Stabilität.

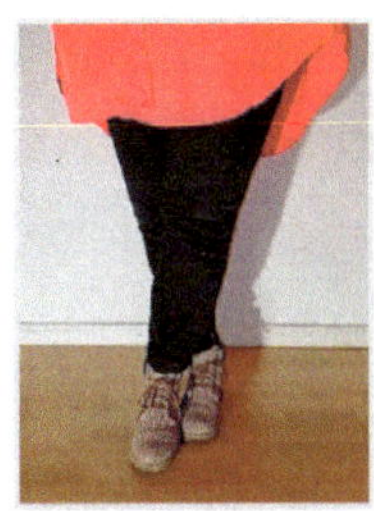
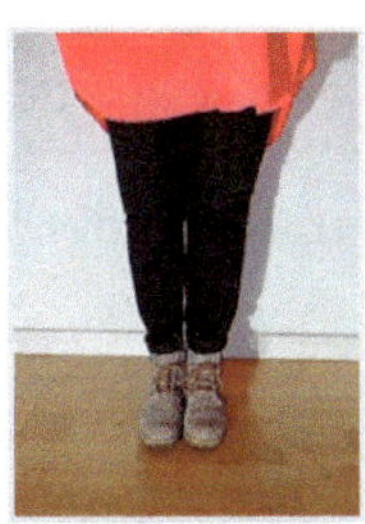
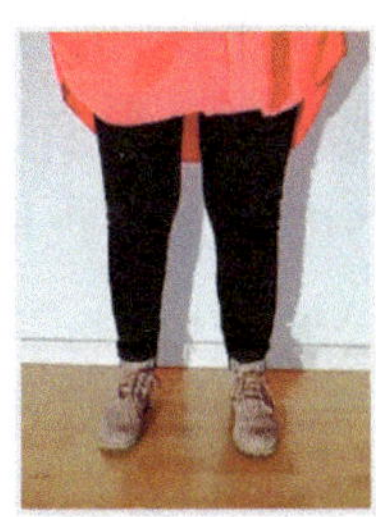

Fotos: Bea Pawliczak

Spannende Erkenntnisse gewinnst du auch in der Übung Embodiment Plus To Go. Dabei wird dir etwas über dich und deine Körper-Selbst-Wahrnehmung aufgezeigt. Es geht um deine Kopfhaltung beim Gehen unter einem bestimmten Aspekt. Entsprechend kannst du die Wechselwirkung von Körperhaltung und deinem inneren Erleben bewusst erfahren.

Deine spirituelle Intelligenz

Wenn du magst, lass dich doch einfach mal auf folgende Annahmen ein, von denen ich zutiefst überzeugt bin:

- Das Leben hat immer Recht. Alles soll so sein, sonst wäre es anders.
- Alles hat einen Sinn, auch wenn wir ihn nicht immer direkt erkennen können.
- Auch möchte alles im Leben uns dienen, in die Liebe und das Vertrauen zurückzufinden.
- Dort kommen wir her und dort wollen wir wieder hin.
- Liebe und Vertrauen sind mit der Freude die kraftvollsten Gegenspieler zur Angst.

Ängste haben sich in jedem Leben durch verschiedene Ereignisse gebildet und sie dürfen natürlich auch sein. Wie oft jedoch stehen sie uns im Wege und hindern uns daran, wichtige Entwicklungsschritte zu gehen. Wie gut, dass wir lernen können, uns aus alten Ängsten und Mustern zu befreien, indem wir sie verstehen, annehmen und wandeln.

Wie wir wissen, ist alles Energie. Meiner Erfahrung nach gibt es zwei Energiequellen, auf die jede Situation und jedes Gefühl zurückzuführen sind. Oder anders ausgedrückt - aus diesen Quellen wird alles gespeist:

Entweder aus der Quelle der Angst und des Misstrauens oder aus der Quelle der Liebe und des Vertrauens. Überprüfe selbst immer wieder und frage dich, welche Quelle dein Erleben gerade nährt. Fühlt sich deine Seele eher bedrückt, schwer, eng, freudlos und unzufrieden an, so stammt die Energie dieser Situation aus der Quelle der Angst.

Fühlt sich deine Seele hingegen warm, geborgen, leicht und zufrieden an, so ist es die Quelle der Liebe, aus der die nährende Energie entspringt. Mit der Achtsamkeit für deine Seele kannst du lernen, dich in deinem Leben immer mehr der Quelle der Liebe und des Vertrauens zuzuwenden, um dich mit dieser wunderbaren Energie zu stärken. Denn dort, wo Vertrauen und Liebe sind, hat Angst keinen Platz.

C. Zusammenfassung und PraxisImpulse für deinen Alltag

Durch Embodiment Plus bekommst du ein hilfreiches und nachhaltiges Konzept zur SelbstHilfe an die Hand. Du integrierst Achtsamkeit in deinen Alltag und lenkst den Fokus deiner Wahrnehmung immer wieder auf dich und dein Wohlbefinden.

Dein bestes inneres Team, welches bereits in dir angelegt ist, möchte lediglich erkannt, trainiert und genutzt werden: deine mentale, emotionale, körperliche und deine spirituelle Intelligenz. Alle Spieler sind gleichberechtigt und spielen auf Augenhöhe und bringen dich immer wieder in deine goldene Mitte.

Du lernst dich also mit dir selbst „online zu schalten" und all diese wunderbaren Ressourcen gezielt für dich und deine gesunde SelbstBalance einzusetzen. Das Gute dabei ist - du benötigst dafür keinen besonderen Zeitaufwand und keine äußeren Hilfsmittel. Das Wissen um deine goldene Mitte hilft dir, dich selbst gut zu regulieren. Du gewinnst an SelbstSicherheit, indem du dich immer besser kennenlernst und entwickelst dabei deine SelbstLiebe. Jede Umsetzung stärkt deine SelbstWirksamkeit und du erschaffst für dich Unabhängigkeit und Freiheit. Egal wo Du bist, mit welchen Menschen oder in welcher Situation – du selbst hast dich, deine Ressourcen und dein Bewusstsein immer mit dabei!

Aufgrund dieser wertvollen Entwicklung und deiner wachsenden Achtsamkeit wirst du immer selbstverständlicher die für dich richtigen Entscheidungen treffen und dich selbst im besten Sinne versorgen können - denn:

- **Du spürst wesentlich klarer, was dir guttut und was nicht.**
- **Du weißt mehr denn je, was du willst und was du nicht willst.**

Dies alles weiß jetzt nicht nur dein Kopf, sondern vor allem auch dein Körper und deine Seele haben es zutiefst verstanden. Deine Körperhaltung unterstreicht also immer auch deine innere Haltung, deine Einstellung und deine Absicht. Nutzt du diese Wechselwirkung gezielt, reduzierst du Stress in all deinen Lebensbereichen und gewinnst mehr Gelassenheit und Zufriedenheit. So erschaffst du dir Fokus und Orientierung, Klarheit und Freiheit und auch wieder mehr Energie und LebensFreude. Das schöne ist - mit allem profitierst du nicht nur für dich und dein persönliches Wohlempfinden, sondern auch für all Deine Beziehungen.

Apropos Stress

Zum Abschluss habe ich für dich eine kleine Auswahl von PraxisImpulsen zusammengestellt und sie den vier Intelligenzen, den Spielern deines besten inneren Teams, zugeordnet. Probiere einfach aus, wann dich was und in welcher Form unterstützen kann. Spiele mit ihnen, variiere und nutze sie so, wie sie dir am besten dienen. Du kannst bei jedem Spieler für dich ansetzen, denn jeder steht in Verbindung mit den anderen. Je mehr alle miteinander kommunizieren und als Team zusammenarbeiten, umso leichter wird es. Du selbst stehst dabei immer im Mittelpunkt und es geht um dein Wohlgefühl und deine Gesundheit.

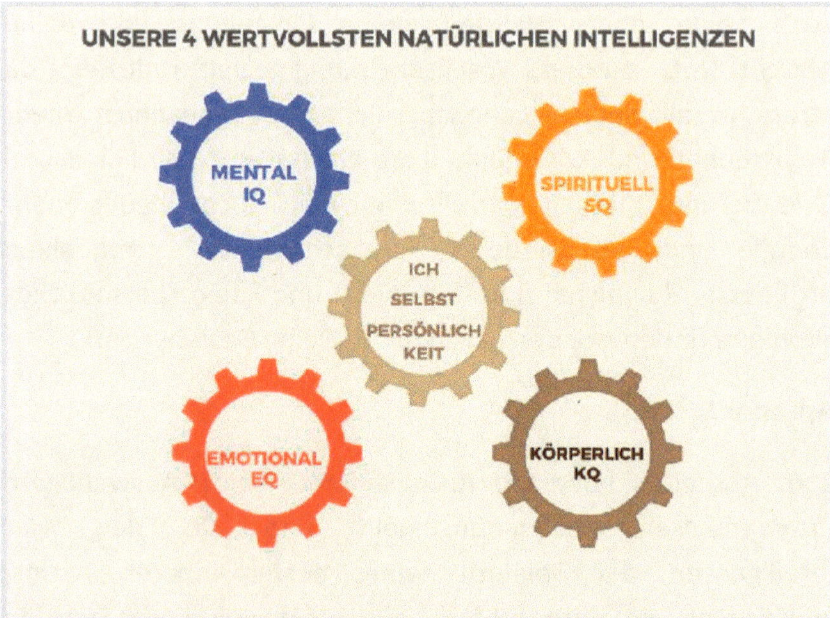

Schaubild: Embodiment Plus - Bea Pawliczak

PraxisImpulse für deine mentale Intelligenz:

- Wisse, dass Stress im Kopf beginnt und immer eine Form deiner Bewertung ist.
- Entscheide dich dafür, stressige Situationen erkennen und verändern zu wollen.
- Versuche destruktive Worte zu erkennen und sie zu ersetzen.
- Erkenne ebenso deine destruktiven Gedanken und wandle sie in konstruktive um.
- Nimm deine Unentschiedenheit wahr, z.B. in einem „vielleicht“ oder einem „ja, aber“.

- Entscheide dich gerne möglichst klar für ein „ja“ oder „nein“.
- Denke „farbig“, also in Variationen und nicht nur „schwarz-weiß“ und in „entweder-oder“.
- Betrachte Probleme neutral, als Tatsache, Thema oder Situation.
- Begrenze dich nicht von vornherein, sondern denke in Möglichkeiten und Lösungen.

PraxisImpulse für deine emotionale Intelligenz

- Gehe davon aus, dass jedes Gefühl seine Berechtigung hat und dir dienen möchte.
- Nimm also alle Gefühle an, spüre hin und erkenne ihre Botschaft.
- Wisse jedoch auch, dass du deinen Gefühlen nicht ohnmächtig ausgeliefert bist.
- Eventuell hilft es dir, einen Schritt zurückzutreten und das „Drama“ bewusst abzuwählen.
- Mit ein wenig Übung kannst du jedes Gefühl hinterfragen und wandeln.
- Finde zum Beispiel heraus, was dir Sicherheit geben kann und wandle Angst in Vertrauen.
- Sei liebevoll zu dir selbst und wandle so SelbstKritik in Verständnis und Güte.
- Erinnere dich: Liebe ist die stärkste Kraft - „All you need is love“.

PraxisImpulse für deine körperliche Intelligenz

- Lenke, so oft du möchtest, deine Wahrnehmung darauf, dich körperlich zu spüren.
- Setze einen Fokus und nimm beispielsweise deinen Nacken eine Zeit lang bewusst wahr.
- Die Berührung mit deinen Händen hilft dir, die jeweilige Stelle noch deutlicher zu spüren.
- Achte gerne immer wieder bewusst auf deine Körperspannung.
- Erhöht sie sich unangenehm, kann dies ein Hinweis sein auf zu viel Anstrengung.
- Beachte, dass zu viel Anstrengung auf längere Zeit ungesunden Stress bewirken kann.
- Löse übermäßige Spannungen im Körper gezielt auf, um dem entgegenzuwirken.
- Wechsle bewusst ab zwischen Aktivität und Ruhe sowie An- und Entspannung.
- Die Verbindung mit deiner Atmung hilft dir unmittelbar bei dir zu sein und dich zu spüren.
- Vor allem die Ausatmung unterstützt deine Entspannung und den Aufbau neuer Energie.

PraxisImpulse für deine spirituelle Intelligenz

- Du musst dich nicht beweisen - du bist wertvoll, so wie du bist.
- Dich mit anderen zu vergleichen, macht keinen Sinn, da jeder Mensch einzigartig ist.
- Sei, so oft es dir möglich ist, im Hier und Jetzt und ganz im Augenblick.
- Spüre nach, was deine Seele beschwert oder was sie erfreut und nähre die Freude.
- Erfreue dich auch an kleinen Dingen, lerne sie zu erkennen und wertzuschätzen.
- Nimm nichts als selbstverständlich an, was nicht selbstverständlich ist.
- Sei immer wieder dankbar und spüre, wie die Dankbarkeit dich zufriedener macht.
- Erkenne die Heraus-Förderung in jeder Herausforderung und die Chance in einer Krise.
- Hinterfrage in (schwierigen) Situationen, was dir wirklich wichtig ist.
- Öffne dich für die kleinen und großen Wunder und sie werden dir begegnen.

Passend dazu folgendes Zitat von Albert Einstein:

„Es gibt zwei Arten zu leben - so, als wäre nichts ein Wunder oder so, als wäre alles ein Wunder."

Wie möchtest Du gerne leben? Sicherlich, das Leben ist nicht immer einfach und doch könnten wir es uns hier und da ein wenig einfacher machen. Ich selbst habe früher so manches viel zu ernst genommen und es mir dadurch unnötig schwer gemacht. „Drama-Queen" war quasi mein zweiter Vorname. Heute tut es mir gut, mich selbst und meine Wünsche und Bedürfnisse wichtiger zu nehmen. Gleichzeitig hilft es mir, dabei das Leben als eine Art Spielwiese zu betrachten. Allein diese Vorstellung macht mir Freude und schenkt mir Leichtigkeit.

Alle Aspekte, die ich hier beschrieben habe, nutze ich selbstverständlich auch für mein eigenes Wohlbefinden, mein inneres Gleichgewicht und meine Zufriedenheit. Es würde mich sehr freuen, wenn dir mein Beitrag Anregung und Hilfe sein kann auf deinem Weg in ein selbstbestimmtes Leben voller Leichtigkeit und LebensFreude. Solltest du noch Fragen haben oder weitere Unterstützung von mir wünschen, bin ich sehr gerne für dich da.

Über die Autorin

Bea Pawliczak ist Heilpraktikerin für Psychotherapie und Pionierin der Tanztherapie in Deutschland. 1995 hat sie den Berufsverband BTD mit gegründet und war dort mehrere Jahre im Vorstand tätig. Als Ausbilderin, Lehrtherapeutin und Supervisorin hat sie viele ihrer heutigen KollegInnen auf ihrem Weg begleitet.

Seit Mitte der achtziger Jahre praktiziert sie Embodiment und nutzt damit gezielt das Wissen um die Wechselwirkung von Bewegung, Körper und innerem Erleben. Ihr Expertenwissen sammelte sie vor allem in ihrer eigenen ambulanten Praxis und in einer bekannten Berliner Klinik. Als Referentin gab sie dieses Wissen gerne auch an andere Berufsgruppen weiter. Ihre klinische Tätigkeit beendete sie nach 25 Jahren und gründete ihr eigenes Unternehmen Embodiment Plus.

Heute arbeitet sie präventiv, als Supervisorin, Trainerin und Coach. Im Coaching unterstützt sie vor allem Frauen, die sich belastet und gestresst fühlen. Sie ist davon überzeugt, dass die

Transformation in eine gesündere Lebens- und Arbeitswelt neue Rahmenbedingungen und Werte benötigt. Deshalb bezieht ihr ganzheitliches Konzept die spirituelle Dimension selbstverständlich mit ein.

Ihre Themenschwerpunkte sind vor allem Stressbewältigung, Burnout-Prävention und Aufbau von Resilienz. Achtsamkeit und BewusstSein im Alltag dienen dabei als Fundament.

Mit ihrem Mann lebt sie in Leipzig und arbeitet zudem in Berlin und im Onlineformat.

Sie interessiert sich für Alles, was die Gesundheit und Lebensqualität stärken, das Herz erwärmt und die Seele erfreut. Schon immer ist Tanz ihre Leidenschaft und heute ist sie Mitglied in der Senior Company des Leipziger Tanztheaters.

Website: https://beapawliczak.de/

SCAN ME

Katja Schüre

Schlaf gut! Wie dein Schlafzimmer dich glücklicher macht

Entspannung und ein guter Schlaf tragen erheblich zu deinem körperlichen und seelischen Wohlbefinden bei. Das Schlafzimmer ist der Ort, an dem du ein Drittel deines Lebens verbringst und in dem du in dieser Zeit Energie tanken solltest. Die Gründe, warum man schlecht schläft, sind vielfältig: beruflicher Stress, gesundheitliche, familiäre Probleme, Energiemangel, räumliche Blockaden. Auf viele Themen hast du keinen direkten Einfluss. In deinem Schlafzimmer hast du jedoch die Möglichkeit, mit kleinen Veränderungen einen Rückzugsraum für dich zu gestalten, in dem du erholt aufwachen kannst. Dabei spielt die Raum-Energie eine wichtige Rolle.

Wie kannst du die Energie in deinem Schlafzimmer positiv beeinflussen?

Kennst du das? Du betrittst einen Raum und fühlst dich unwohl. So ging es mir bei einer Kundin im Schlafzimmer. Als ich vor einiger Zeit zu meiner Kundin Claudia P. in ihre Wohnung kam, führte sie mich durch ihre Räume. Bei ihrem

Schlafzimmer entschuldigte sie sich für das Durcheinander und sagte dazu: „Aber da schlafe ich ja nur und habe die Augen zu."

Bei unserem persönlichen Gespräch über ihre Wünsche schilderte sie mir, dass sie sehr unglücklich wäre und den großen Wunsch nach einer neuen Partnerschaft hätte. Jahre zuvor war ihr Ehemann aus der Wohnung ausgezogen, aber viele Erinnerungen an diese Zeit waren noch immer präsent. Bei unserem Wohnungsrundgang gab es noch einige Dinge, die ihrem Exmann gehörten, die er aber nie abgeholt hatte. In ihrem Schlafzimmer fühlte sich meine Kundin sehr unwohl. Ich konnte dieses Gefühl schon daran erkennen, dass das Zimmer sehr unordentlich war. Der hintere Bettzugang des ehemaligen Ehebetts war mit vielen Kisten ihres Exmannes zugestellt. Der Kleiderschrank war überfüllt und hatte keinerlei Struktur. Man hatte regelrecht das Gefühl, dass der Exmann noch anwesend war.

Ich fragte meine Kundin, wie gut sie denn schlafen würde und sie antwortete, dass es nur wenige Nächte gäbe, in denen sie durchschlafen könnte und oft wach läge. Insgesamt fehle ihr die Energie, nach der Arbeit noch etwas zu unternehmen, um überhaupt jemanden Neuen kennenzulernen.

Es war wichtig, die alten Energien aus ihrer Vergangenheit aufzulösen und Raum für Neues zu schaffen. Nach der energetischen Hausreinigung begann Claudia erst mal aufzuräumen und sich von den Sachen ihres Exmannes zu trennen, um mehr Ordnung und Klarheit in ihr Leben zu bringen.

Verändere deine Räume, dann verändert sich dein Leben.

So verging etwas Zeit, bis sich Claudia wieder bei mir meldete. Ganz stolz erzählte sie, dass sie alles aufgeräumt und ausgemistet habe und nun endlich wieder besser schlafen könnte. Sie hatte auch Platz im Kleiderschrank geschaffen, denn ein überfüllter Kleiderschrank suggeriert, dass kein Raum für eine andere Person im Leben ist. Auch der Zugang zum Doppelbett war wieder frei und die Gestaltung war auf beiden Bettseiten identisch. Es gab zwei gleiche Nachttische mit Lampen, einen Bettvorleger und ein schönes stimmungsvolles Bild über dem Bett, welches eine Paarsymbolik darstellte.

Grafik: Moodboard zum Thema Partnerschaft - Katja Schüre

Als alle räumlichen Veränderungen so weit erledigt waren, besprachen wir die weitere Vorgehensweise, wie sie nun ihr Mindset ausrichten sollte, um ihren Wunschpartner ins Leben zu ziehen. Claudia war auf einmal voller Euphorie und begann ihren Wunsch zu visualisieren. Die optimalen Energien für die Partnerschaft kommen aus der südwestlichen Richtung. Also platzierte sie im Südwesten ihres Schlafzimmers eine wunderschöne Collage mit positiven Wünschen, wie ihr Traummann aussehen sollte. Claudia war beeindruckt, welche Energie durch das Ausmisten und die Veränderung in ihrer Wohnung bei ihr freigesetzt wurde. Ich glaube, es vergingen keine zwei Monate, als mir Claudia schrieb: *„Liebe Frau Schüre, ich danke ihnen von Herzen für diese wunderbare Beratung. Sie hat mein Leben völlig auf den Kopf gestellt. Innerlich hatte ich mich bereits mit so vielen Dingen abgefunden und auf einmal hat sich alles gewendet. Vor drei Wochen kam ein neuer Mann in mein Leben und was soll ich Ihnen sagen ... Ich habe Flugzeuge im Bauch ;-) Also, wenn das alles so weitergeht und es etwas Ernsteres wird, lade ich sie zu unserer Hochzeit ein."*

Eine Veränderung kann so leicht sein und schön dazu. Über solche Nachrichten freue ich mich besonders und sie bestätigen mir, dass die Veränderung im außen auch eine Veränderung im innen bewirkt. So lade ich dich ein, dein Schlafzimmer auch zu einem Wohlfühlort zu gestalten, an dem du deine Träume verwirklichen kannst.

Wie gestalte ich mein Schlafzimmer harmonisch?

Mache dir bewusst, dass alles, was sich in deinem Schlafzimmer befindet, aus Energie besteht und Einfluss auf dich hat. Energie bewegt sich in Wellen, jeder Gegenstand, jede Farbe, jeder Gedanke und auch jede Zelle des menschlichen Körpers schwingt in einer bestimmten Frequenz. Durch Schwingungen, die von außen auf uns wirken, kommt es zu einer Beeinflussung. So ist es nicht verwunderlich, dass du gerade im Schlaf in Resonanz mit deiner Umgebung gehst. Das Schlafzimmer ist wie deine zweite Haut. Deine Möbel, deine Bilder, die Gegenstände, aber auch die Lage des Schlafzimmers wirken auf dich. Die Frage ist, wieviel Energie kommt in deinem Schlafzimmer an und welche alten Energien sind noch anwesend. In welcher Himmelsrichtung liegt der Raum. Was siehst du, wenn du aus dem Fenster schaust. Ist das Schlafzimmer hell oder dunkel, warm oder kalt?

Notiere Dir, was dir in deinem Schlafzimmer auffällt, und beachte meine Tipps für dein Wohlfühl-Schlafzimmer. Oft reichen schon kleine Veränderungen, um ein entspannteres Raumgefühl zu erzeugen.

Grafik: Optimale Bettpositionen zum Schlafen - Katja Schüre

Checkliste für dein Wohlfühl-Schlafzimmer:

- Stelle dein Bett nicht zwischen Tür und Fenster und schlafe nicht direkt unter einem Fenster. Diese Position verursacht starke Unruhe und ist störend für deinen Schlaf. Du liegst dann direkt im Energiedurchzug.
- Achte auf eine symmetrische Bettgestaltung, wenn du in einer Partnerschaft lebst oder den Wunsch nach einer Partnerschaft hast, d.h. jede Bettseite hat einen Nachttisch, eine Lampe und einen eigenen Zugang zum Bett.
- Unterschiedliche Lichtquellen sorgen für eine schöne Atmosphäre, die du der jeweiligen Nutzung anpassen kannst. Gerade am Bett ist eine Lampe sinnvoll, die verschiedene Helligkeitsstufen ermöglicht.
- Schaffe Ordnung und sortiere alles aus, was du im letzten Jahr nicht mehr benutzt oder getragen hast.
- Für eine ruhige Zimmergestaltung sind geschlossene Kleiderschränke optimal und es ist sinnvoll, möglichst

wenig andere Themen sichtbar zu haben, die dich vom Schlafen abhalten könnten.

- Versuche den Inhalt offener Regale gut zu strukturieren. Wenn es zu viele Themen gibt, kannst du sie in schöne, beschriftete Kartons packen.
- Vermeide schwere Ablagen oder Regale direkt über dem Kopfende des Bettes. Hier entsteht schnell das Gefühl der Bedrohung, dass in der Nacht etwas auf deinen Kopf fallen könnte.
- Lege dich nicht unter einen Trägerbalken. Balken wirken drückend und können zu Verspannungen führen.
- Spiegel verwirbeln die Energie und sorgen für Unruhe. Achte darauf, dass du dich vom Bett aus nicht im Spiegel sehen kannst.
- Achte darauf, dass keine scharfen Kanten oder spitzen Ecken direkt auf dein Bett zeigen. Sollte das der Fall sein, dann versuche sie durch eine Deko zu entschärfen.
- Verdunkle deine Fenster mit einem Vorhang oder Rollo. Erst die Dunkelheit regt die Zirbeldrüse dazu an, ausreichend Melatonin (Schlafhormon) zu produzieren, dass du für einen tiefen Schlaf benötigst.
- Räuchere regelmäßig mit weißem Räuchersalbei deine Räume. Dadurch kannst du negative, belastende Energien auflösen und wieder entspannt einschlafen.
- Ätherische Öle sorgen für eine angenehme Atmosphäre und stimulieren deine Sinne. Für einen entspannten Schlaf empfehle ich dir Lavendel, Zirbe oder Melisse.

- Platziere deine persönlichen Wünsche in deinem Schlafzimmer gezielt nach dem Lebenslageplan, um die Energien einzuladen, dich auf deinem Weg zu unterstützen.

Foto: Aktiviere deinen Herzenswunsch in einem Setzkasten, Katja Schüre

Farben, die im Schlafzimmer entspannen

Auch Farben haben Einfluss auf deinen Schlaf. Überlege dir, welche Wirkung du mit einer Farbe erzeugen möchtest und wo du sie einsetzt. Du kannst alle Wände farbig streichen oder nur eine Wand, die hinter deinem Bett ist. Am schnellsten kannst du jedoch einen Farbakzent setzen, indem du farbige Bettwäsche verwendest.

Beachte bei der Farbwahl, dass du nicht zu kräftige Farben verwendest, da sie im Schlafzimmer aktivierend wirken.

Gelb wirkt wärmend und ausgleichend. Es wird mit guter Laune und Sonnenschein assoziiert und sorgt für ein wohliges Gefühl. Verwende hier ein helles, pastelliges Gelb.

Grün wirkt ausgleichend und entspannend. Es steht für die Natur und erzeugt somit eine beruhigende Wirkung für den Schlafraum.

Braun wirkt wärmend und gemütlich. Es ist die Farbe der Erde und vermittelt Stabilität und Geborgenheit. Ein guter Farbton, um sich zu entspannen.

Blau wirkt entspannend und stressabbauend. Es ist die Farbe des Himmels und des Wassers und lässt dich zur Ruhe kommen.

Rosa wirkt zurückhaltend und sanft. Es hat eine entspannende Wirkung und sorgt für innere Ruhe. Besonders beruhigend wirkt rosa, wenn du es mit Erdtönen wie Beige, Grau, Braun kombinierst.

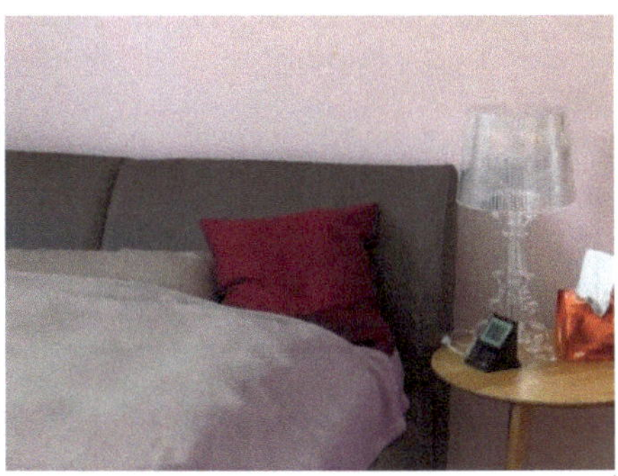

Foto: Die Wandfarbe Rosa lässt dich entspannt schlafen, Katja Schüre

Reduziere die Strahlung in deinem Schlafzimmer

Du kannst dich den elektrischen Strahlen im Alltag nicht entziehen. Jedoch hast du die Möglichkeit, dein Schlafzimmer möglichst strahlungsfrei zu gestalten. Elektrosmog entsteht dort, wo vielfältige elektrische, magnetische und elektromagnetische Felder im Raum vorkommen. Hinzu kommen die Strahlen von Mobilfunk, W-LAN und Hochspannungsleitungen. Dein Körper funktioniert wie eine Antenne und reagiert auf die Strahlung in deiner Umwelt, da deine Zellen mit elektrischer Spannung arbeiten. Das Eisen im Blut reagiert auf den Magnetismus und das Wasser im Körper reagiert dadurch mit einer veränderten Clusterstruktur. Somit entsteht eine Resonanz zu den Strahlen, die dich unter Spannung setzen. Dein Körper regeneriert in der Nacht. Sämtliche Körperfunktionen arbeiten auf Hochtouren. Im Schlaf reagierst du viel sensibler auf elektromagnetische Störungen.

„Die Veränderungen erzielten eine sofortige Wirkung. Die störenden Energien in meinem Schlafzimmer waren nach getaner Arbeit verschwunden. Nach Monaten der Schlaflosigkeit waren mir erstmals wieder acht Stunden Schlaf am Stück gegönnt. Eine unbezahlbare Qualität." Marion S.

Das Einfachste ist, wenn du dein Schlafzimmer mit einem separaten Netzfreischalter im Sicherungskasten ausrüstest. Damit kannst du den Elektrosmog komplett in einem Raum abschalten, solange keine elektrischen Geräte genutzt werden.

Beachte aber dabei, dass dann keine Dauerverbraucher funktionieren, wie z.B. Babyphone, Radiowecker, Ladegeräte.

Checkliste zur Reduzierung der elektromagnetischen Strahlung im Schlafzimmer:

- Von angrenzenden Räumen können sich elektrische Felder durch die Wand hindurch verbreiten. Befindet sich hinter deinem Schlafzimmer beispielsweise das Arbeitszimmer, dann solltest du am Abend vorsorglich den Computer, Drucker und sonstige Geräte ausschalten.
- Sicherungskästen, Nachtspeicher-Heizungen und Steigleitungen sollten mindestens 3 m Abstand zum Bett haben, auch wenn eine Wand dazwischen liegt.
- Im Schlafzimmer solltest du mindestens 1 m Abstand zu elektrischen Geräten halten. Hierdurch verringert sich die Belastung durch den Elektrosmog schon erheblich.
- Verlege keine Verlängerungskabel und auch keine Mehrfachsteckdosen unter deinem Bett.
- Schalte den Fernseher, die Stereoanlage sowie das Videogerät komplett aus, da sie im Standby-Betrieb weiter strahlen.
- Kabel oder Ladestationen für das Handy oder das Laptop sollten weit vom Kopfbereich entfernt sein oder sich besser außerhalb des Zimmers befinden.
- Schalte das WLAN in der Nacht für einen bestimmten Zeitraum ab. Du kannst die Einstellung dafür auf der Homepage deines Vertragspartners festlegen.

- Schalte dein Handy in der Nacht in den Flugmodus. Wenn du telefonisch erreichbar sein musst, stelle nur die mobilen Daten, Bluetooth und WLAN am Handy aus.

"Seit der Schlafzimmeranalyse mit vielen Tipps und der Reduzierung diverser Strahlungsquellen, fühlen wir uns einfach "wacher" und entspannter. Irre, wie man mit wenigen Veränderungen für ein glücklicheres und gesünderes Leben sorgen kann!" Carina H.

Das Homeoffice im Schlafzimmer

Wenn Du keine andere Möglichkeit hast, als im Schlafzimmer zu arbeiten, dann achte darauf, den Arbeitsbereich optisch abzugrenzen. Für eine entspannte Nachtruhe ist es nicht förderlich, wenn du die Arbeit immer vor Augen hast. Um fokussiert zu arbeiten, ist die Position des Schreibtisches und deine Ausrichtung wichtig. Du solltest optimalerweise die Tür und das Fenster im Blick haben und eine stabile Wand im Rücken. Oft gibt es die räumliche Situation nicht her, den Arbeitsplatz im Schlafzimmer so einzurichten. Dann empfehle ich dir einen mobilen Arbeitstisch, den du je nach Situation im Raum verschieben kannst. So kannst du ihn für deine Arbeit tagsüber optimal ausrichten und am Abend zur Seite stellen. Ein weiterer wichtiger Punkt ist die Ordnung: Schaffe dafür entsprechenden Stauraum, um die Themen nach dem Arbeitsende strukturiert wegzuräumen. Dazu empfiehlt sich ein Rollcontainer, in dem du deine Arbeitsmaterialien verstauen kannst.

„Guten Morgen liebe Katja, gestern habe ich sehr gut an meinem Arbeitstisch im Schlafzimmer arbeiten können, ausgesprochen gut! Ich habe nämlich meine Steuererklärung gemacht und ich habe echt Spaß dabeigehabt, weil es einfach gut ging! Früher standen mir die Haare zu Berge, und zwar immer!" Hermina H.

Wenn du jedoch genügend Raum hast, einen festen Arbeitsplatz einzurichten, dann achte darauf, den Schlafbereich optisch vom Arbeitsbereich zu trennen.

Beachte diese gestalterischen Möglichkeiten:

- ein halbhohes Sideboard, das den Arbeitsbereich vom Bett abgrenzt
- große Pflanzen oder Objekte, die einen Sichtschutz bieten
- einen Paravent, der als Sichtschutz positioniert wird
- einen Vorhang im Raum, den du nach Bedarf zu- oder aufziehen kannst

Foto: Richte Dein Mindset aus - am Tage und in der Nacht - Katja Schüre

Durch positive Gedanken besser schlafen

Dein Unterbewusstsein arbeitet in der Nacht auf Hochtouren. Es verarbeitet alles, was es am Tag an Informationen eingesammelt hat. Über 90% deiner Gedanken und Handlungen werden durch dein Unterbewusstsein gesteuert. Es sorgt dafür, dass viele Handlungen automatisch ablaufen und entlastet somit dein Bewusstsein. Wenn du wach bist, wirkt das Unterbewusstsein wie ein Filter. Es verarbeitet jeden Gedanken ohne Bewertung. Wenn wir schlafen, bekommen wir kaum noch etwas von der Außenwelt mit – zumindest nicht bewusst. Doch unterbewusst registriert unser Gehirn durchaus, was um uns herum vor sich geht.

Auch jeder Gedanke sendet eine bestimmte Schwingung. Wenn du also negative Gedanken hast, dich sorgst und mit diesen Gedanken ins Bett gehst, dann setzen sich diese negativen Schwingungen in der Nacht fort. Sie bleiben als Schwingungen im Raum und gehen mit deinem Unterbewusstsein in Resonanz. Achte darauf, welche Gespräche und Themen du am Abend führst oder welche Filme du dir anschaust, da sie in der Nacht weiterwirken können. Es ist so wichtig, dass du auf die Art deiner Gedanken beim Zubettgehen achtest.

Foto: Energie folgt der Aufmerksamkeit - Katja Schüre

Das Glücksritual

Ich möchte dir ein schönes Ritual empfehlen, womit du deine Aufmerksamkeit im Alltag schärfen kannst und das deine Gedanken am Abend positiv stimmt.

Die Glückssteine

Es war einmal eine achtsame Frau, die steckte jeden Morgen eine Handvoll kleiner Edelsteine in ihre rechte Jackentasche. Immer, wenn sie während des Tages etwas Schönes erlebte, wenn sie einen Glücksmoment empfunden hatte oder etwas, wofür sie dankbar war, nahm sie einen Edelstein aus der rechten Jackentasche und steckte ihn in die linke.

Am Anfang kam das nicht häufig vor. Aber von Tag zu Tag wurden es täglich mehr schöne Erlebnisse, für die sie einen Edelstein von der einen zur anderen Jackentasche wandern ließ. Mal war es der köstliche Cappuccino am Morgen, das Vogelgezwitscher auf dem Weg zur Arbeit, das nette Gespräch mit einer Kollegin oder der farbenprächtige Sonnenuntergang am Abend.

Bevor sie am Abend zu Bett ging, nahm sie die kleinen Edelsteine aus der linken Jackentasche mit ans Bett und betrachtete sie in aller Ruhe. Bei jedem Edelstein konnte sie sich an einen schönen Moment an diesem Tag erinnern. Sie lächelte voller Glück über diesen wunderschönen Tag und legte alle Steine in eine schöne Schale neben ihr Bett für den nächsten Tag. Dann schlief sie zufrieden und glücklich ein - auch an den Tagen, an denen sie nur einen einzigen Edelstein in ihrer linken Jackentasche fand.(Verfasser: Unbekannt)

Ich lade dich ein, dieses Glücksritual auszuprobieren. Du kannst deine Glücksmomente auch in einem Tagebuch notieren. Auf diese Weise trainierst du dein Gehirn, sich auf das Positive im Leben zu konzentrieren.

Foto: Die Grundriss-Analyse - Katja Schüre

feelGlück: Die Harmonielehre für dein Leben

Für ein Wohlfühl-Zuhause ist es wichtig, die Raum-Energie harmonisch und gleichmäßig durch die Wohnräume fließen zu lassen. Durch ein hohes Energieniveau entsteht mehr Lebensfreude, Ausgeglichenheit und ein stabiler Gemütszustand. Schon kleine räumliche Veränderungen schaffen eine inspirierende Atmosphäre und setzen mehr Energie frei. Umgib dich bewusst mit angenehmen Bildern, Accessoires und Symbolen, die für dich eine positive und aufbauende Bedeutung haben.

Bei der feelGlück Harmonielehre spielen zuerst die Form und Ausrichtung des Grundrisses eine wichtige Rolle. Bei der Grundanalyse des Wohnungsgrundrisses wird der

Lebenslageplan als Schablone aufgelegt. Im Lebenslageplan sind die acht Lebensbereiche den verschiedenen Himmelsrichtungen zugeordnet.

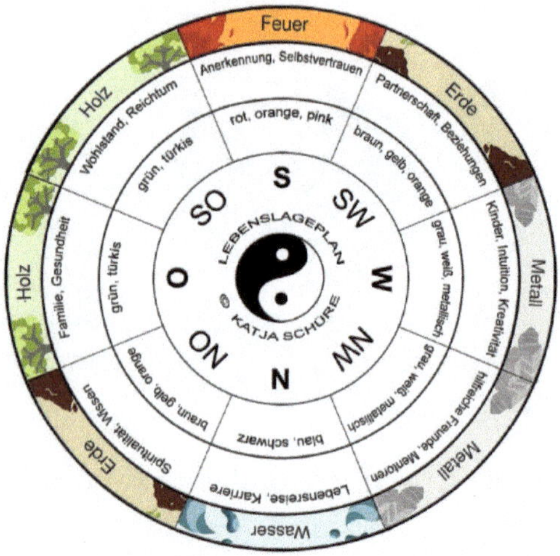

Grafik: Der Lebenslageplan - Katja Schüre

Anhand des Lebenslageplanes kannst du schnell feststellen, welche Energien dir in den einzelnen Wohnbereichen zur Verfügung stehen. So erkennst du Fehlbereiche, wie bei Treppen oder Abstellräumen, in denen dir weniger Energie zur Verfügung steht.

In meinem Ratgeber *„Glück lässt sich einrichten"* erfährst du viele Details, worauf du selber bei der Umgestaltung deiner Räume achten und wie du Raum für Raum vorgehen solltest. Einem Teil meiner Arbeit liegt die Harmonielehre des Feng Shui zugrunde. Sie kommt aus der asiatischen Tradition und ist verwandt mit TCM und der 5-Elemente-Lehre.

Feng Shui ist eine jahrtausendalte Harmonielehre vom Leben und Wohnen im Einklang mit der Natur. Durch die Beobachtung der Natur und dem großen Kosmos entdeckten die Menschen, dass die Abläufe der Natur einem Wandlungszyklus unterliegen und dieser auf den Menschen und seine Räume zu übertragen sei. Daraus entstanden eine Reihe von Analogien, die man als Gestaltungsmittel in Form, Farbe und Material einsetzen kann, um einen positiven Einfluss auf die Lebenssituation zu nehmen.

Das Ziel ist es, die Lebensenergie harmonisch und gleichmäßig durch die Wohnräume fließen zu lassen, Blockaden aufzulösen und so ein Wohlfühl-Zuhause zu gestalten.

Die **feelGlück Raumberatung** stimme ich auf die Wünsche des Kunden ab. Sie ist eine individuelle Begleitung von der Grundanalyse der Räumlichkeiten bis zur Fertigstellung aller Empfehlungen.

Ich wünsche dir nun feelGlück in deinem Schlafzimmer!

Deine Katja

Über die Autorin

Katja Schüre ist Mentorin für Wohnglück in Köln. Sie begleitet Menschen, die sich ein Wohlfühl-Zuhause erschaffen möchten. Ihren Beruf als Diplom Designerin ergänzte sie durch die Lehre des klassischen Feng Shui, der Lehre der ganzheitlichen Raumheilung sowie die Ausbildung zum Master-Coach. Neben ihrer Autoren- und Beratungstätigkeit unterrichtet sie als Dozentin an verschiedenen Hochschulen. Aus ihrem umfangreichen Wissen und ihrer jahrelangen Beratungstätigkeit hat sie die feelGlück Harmonielehre entwickelt. Eine sehr effektive und ganzheitliche Methode für ein glückliches und erfülltes Leben, basierend auf einem harmonischen Zuhause. Mit ihrer empathischen Art berät Katja Schüre ihre Kunden sehr erfolgreich online und vor Ort auf ihrem Weg in ein glückliches Leben.

Foto: Buch mit Schablone für den Lebenslageplan - Katja Schüre

Als Zusammenfassung ihrer Arbeit hat sie das Buch ‚Glück lässt sich einrichten' geschrieben. Es ist der Ratgeber, der dir ganz konkrete Tipps und Anleitungen für dein Wohlfühl-Zuhause gibt. Anhand vieler Bilder und Checklisten kannst du ohne großen Aufwand die Ideen einfach umsetzen und deren Wirkung schon bald spüren.

Ihre Arbeit ist ein Geschenk an die Welt, für mehr Glück, Lebensfreude und Erfolg. Vereinbare gerne ein persönliches Gespräch zum Kennenlernen mit Katja.

Website: www.feel-glueck.koeln

SCAN ME

ANTJE BUSBACH

DER FILM DEINES LEBENS UND WIE DU KRISEN FÜR DICH NUTZEN KANNST!

Filmzitat: Das Leben ist wie ein Film. Nur das Genre kannst du dir nicht aussuchen. – Billy Loomis, Scream

Mit diesem Text lade ich dich zu einem Gedankenexperiment ein. Sieh dein Leben doch einmal als Film, den nur du sehen kannst. Der allerdings Auswirkungen auf deine Umwelt hat, da du auch im Außen zu sehen und zu spüren bist. Wäre es eher Drama, Liebesfilm, Komödie oder doch ein ganz anderes Genre? Und welche Rolle möchtest du in deinem Film spielen? Hast du dir das schon einmal überlegt?

Quelle: Foto von Pixabay.com

Was, wenn ich dir sage, dass du das Genre ändern kannst, wenn es oft oder zurzeit nicht ganz dem entspricht, was du für deinen Lebensfilm wirklich willst?

Quelle: Foto von Pixabay.com

Oft fühlt es sich so an, also ob das Leben oder unsere Vergangenheit dir Steine in den Weg legen, die dich daran hindern, deine Ziele zu erreichen. Doch den größten und schwersten Stein, den du auf deinem Weg finden wirst, legst du dir selbst dorthin. Das passiert, wenn dein Bewusstsein und dein Unterbewusstsein im Widerspruch zueinanderstehen. Zum Beispiel: Du weißt, dass es gut ist sich gesund zu ernähren und doch greifst du in Stresssituationen zu einer Tafel Schokolade. Das Unterbewusstsein, gerne auch innerer Kritiker genannt, hält dich davon ab, deinen Traum zu verfolgen und sabotiert dich.

Aber sollte das Unterbewusstsein nicht eigentlich auf deiner Seite stehen? Eine gute Frage! Die Wahrheit ist: Dein

Unterbewusstsein, nennen wir es einmal den Autor deines Lebensfilmes, will dich nur beschützen und dich vor Schmerzen und Auseinandersetzungen mit inneren Ängsten bewahren. Dafür hat er sich ganz zu Anfang des Films Verhaltensmuster für den Hauptdarsteller, also dich, überlegt, die dich auf bestimmte Themen in deinem Leben, handeln und reagieren lassen. Und um Energie dabei zu sparen, reagierst du immer gleich. Im Zuge dessen hält dich dein gewohntes Handeln davon ab, Herausforderungen anzugehen. Veränderungen bedeuten meistens in noch unbekannte Gebiete vorzudringen und Neues verbraucht erst einmal viel Energie. Am Anfang ist es ungewiss, wohin der neue Weg führt. Leichter erscheint es in den alten, bekannten Bahnen zu bleiben. Das Ergebnis ist: du machst Sachen, ohne zu wissen oder zu hinterfragen, warum du sie so machst und ob sie (noch) von Nutzen für dich sind, denn das Bekannte ist vertraut und sicher.

Filmzitat: Oh ja, die Vergangenheit kann wehtun. Aber so wie ich das sehe, kann man entweder davor davonlaufen oder daraus lernen. – Rafiki, the Lion King

Was denkt es den ganzen Tag in dir?

- „Ich bin nicht gut genug.“
- „Ich kann niemandem trauen.“
- „Ich darf nicht wütend/traurig/ärgerlich sein.“
- „Ich darf keine Fehler machen.“
- „Nur, wenn ich etwas leiste, werde ich geliebt.“
- „Ich muss alles allein schaffen.“

- „Ich bin unsportlich/ungeschickt/unmusikalisch."
- „Ich darf anderen nicht zur Last fallen."
- ...

Quelle: Foto von Pixabay.com

Ich lade dich ein. Beobachte dich und dein Denken einmal (neutral) von außen, wie ein Zuschauer einen Film schaut.

Was macht dir Stress? Wann werden, von wem, deine Knöpfe gedrückt? Und was machst du dann? Leidest du an selbst destruktivem Verhalten, das sich stark negativ auf dein Leben auswirkt? Wird Selbstsabotage bei dir zur Gewohnheit, die dich davon abhält voranzuschreiten und den gewünschten Erfolg zu erreichen? Spürst du Auswirkungen im persönlichen und/oder beruflichen Umfeld? Häufig betreiben wir unbewusst Selbstsabotage in der Liebe und in Beziehungen, ohne es zu bemerken. Dass du dich selbst sabotierst, bedeutet nichts anderes, als dass du dir unbewusst selber Steine in den Weg legst.

Lass uns einen kurzen Selbstsabotage-Test machen. Halte die Augen für folgende Symptome offen:

- Prokrastination (Aufschieberits)
- Perfektionismus
- Selbstzweifel
- Ständiges Ja sagen
- negative Denkmuster

Kommt dir davon etwas bekannt vor? Entdeckst du dich wieder? Dann ist es vielleicht an der Zeit für dich etwas zu verändern? Dein Drehbuch umzuschreiben? Dem Autor neue Impulse zu geben, damit er andere Ideen für den Verlauf deines Lebensfilmes bekommt? Wie findest du das? Wir leben in einer Welt, in der es immer wichtiger wird, sich selbständig aus Problemen zu befreien und Gedanken neu zu kombinieren. Lebensmodelle, wie sie unsere eigenen Eltern und Großeltern gelebt haben, von der Pike auf, bis zur Rente im gleichen Unternehmen zu arbeiten, sind überholt. Wir dürfen uns neue Gedanken machen und neue Wege gehen.

„Auf Veränderung zu hoffen, ohne selbst etwas dafür zu tun, ist wie am Bahnhof zu stehen und auf ein Schiff zu warten.“ (Zitat Albert Einstein)

Das Problem ist nicht das Problem! Tatsächlich liegt etwas viel Tieferes darunter und das hat mit deiner Vergangenheit zu tun. Mit Situationen, die du bereits als Kind erlebt hast. Mit Glaubensätzen, Mustern, die du dir angewöhnt hast und auch mit verdrängten Emotionen. Du bist die Summe dessen, was du alles schon erlebt hast. Besonders als kleines Kind erlebst du alles ungefiltert und unreflektiert. Du beziehst alles auf dich!

Und jetzt darfst du schauen, was dir davon im Weg steht und was du lösen möchtest. In deinem Körper haben sich Energien angesammelt, die du nicht verarbeitet hast. Und die zeigen sich in ungünstigen Situationen. Zum Beispiel hast du immer cholerische Chefs oder nazistische Partner oder du bist häufig „diffus" krank oder du bist außerordentlich perfektionistisch veranlagt. Du tust etwas, was im Widerspruch zu deinen Wünschen, Zielen und Werten steht. Du willst etwas, scheiterst aber immer wieder daran? Du bist wie ferngesteuert und fremd geführt. Warum? Der Grund sind deine tief verankerten, unterbewussten Glaubenssätze, eben die Verhaltensmuster, die dein Lebensautor dem Hauptdarsteller zugedacht hat.

Filmzitat: Du wirst auch mal schlechte Phasen durchmachen, aber das lenkt deine Aufmerksamkeit auf die guten Dinge, die du vorher vernachlässigt hast. – Sean Maguire, Good Will Hunting

Was machst du nun mit dieser Erkenntnis? Schau sie dir an und fühl einmal hinein. Was sind das für Glaubenssätze? Wo kommen sie her? Lerne dich neu zu lesen, zu verstehen, dir zu vergeben, zu befrieden, liebevoll anzunehmen was ist, wie du bist. Und entscheide dann, ob du an dem Alten festhalten oder dich neu ausrichten möchtest. Und wie geht es dann weiter? Du guckst in die Zukunft, triffst klare Entscheidungen, gehst mutige Schritte und nicht zuletzt arbeitest du mit Visionen. Du stellst dir vor, dass das, was du wirklich willst, schon jetzt da ist. So wie du es haben möchtest, ist es bereits. Wie sieht dein Lebensfilm dann aus und wie fühlst du dich in diesem Film? Dadurch, dass du es jetzt schon spürst, ziehst du deine Zukunft leicht und mühelos in dein Jetzt hinein, ohne sie dir schwierig und hart zu erarbeiten.

Ich lade dich ein, dich gemeinsam mit mir auf den Weg zu machen. Zu ergründen welche Entscheidungen dein innerer Autor einmal gefasst hat und warum, zu welchen Ergebnissen diese Entscheidungen in deinem Leben geführt haben und wie du in Zukunft auf Probleme mit neuen Ideen und Herangehensweisen reagieren kannst. Du nimmst einen Perspektivwechsel, nämlich Herausforderungen mit Freude zu erwarten, weil sie dir neue Wege erlauben werden, vor. Du hast bereits alles in dir, um dir aus Schwierigkeiten und Unwägbarkeiten herauszuhelfen. Jetzt gilt es, deine Talente und Fähigkeiten frei zu legen und in den täglichen Gebrauch zu nehmen. Es geht jetzt darum, deine Wahrnehmung neu zu schulen und deine Ansichten, deinen Glauben, deine Einstellung zu hinterfragen und neu zu justieren. Neu zu denken und dein Drehbuch selbst zu schreiben.

Filmzitat: Manchmal ist der richtige Weg nicht der einfachste Weg. – Grandmother Willow, Pocahontas

Quelle: Foto von Pixabay.com

Du bist ein Gefäß - fülle es so, wie du es möchtest und womit du es füllen möchtest. Überlasse es nicht (mehr) deiner Umwelt, den Glaubenssätzen aus deiner Vergangenheit oder anderen Menschen. Nimm dich selbst ernst, nutze das Buffet deiner Möglichkeiten und sei ehrlich zu dir selbst!

„Jeder Gedanke verwirklicht sich irgendwann. Das Leben macht keinen Unterschied zwischen Gut und Böse oder positiv und negativ, denn es wertet nicht, sondern lässt jede Erfahrung zu." (Franziska Krattinger).

Das, was du heute bist, folgt den Gedanken, die du gestern gedacht hast. Und dein gegenwärtiges Denken bestimmt dein Leben, wie es morgen sein wird oder wie dein Lebensfilm weiter geht!

Was willst du morgen in deinem Leben haben? Daran darfst du heute denken.

Beginne heute noch damit, neu zu denken. Erschaffe Situationen neu. Gib deinem Leben eine neue Richtung. Gehe bewusst und mit veränderter Haltung durch deinen Tag. Schreibe dein Drehbuch um. Lächle und deine Umwelt lächelt zurück. Gib dir selbst Chancen und Macht und du wirst bisher Unmögliches möglich machen.

Quelle: Foto von Pixabay.com

Das Dilemma daran, wenn du nichts veränderst: Du glaubst, du bist deine Glaubenssätze. Und der damit verbundene Film, wird immer wieder auf deiner eigenen Leinwand abgespielt. Somit werden dir deine Muster im Außen gespiegelt und du bestätigst dich selbst. Aber es ist „nur" ein Traum aus deiner Kindheit. Du bist nicht deine Vergangenheit.

Filmzitat: Am dunkelsten ist die Nacht vor der Dämmerung. Doch ich verspreche Ihnen: Die Dämmerung bricht an. – Harvey Dent, The Dark Knight

Eine Konfliktsituation wiederholt sich in deinem Leben. Konflikte zeigen uns unseren Schmerz, bzw. drücken den Schmerzpunkt, der sich bei uns gebildet hat. Nimm diese Einladung an. Halte inne. Frage dich: Was fällt mir jetzt so schwer? Nimm die Sicht des Kindes ein, das du einmal warst und fühle die aktuelle Situation aus der Sicht des Kindes. Das ermöglicht dir, die Situation jetzt aus der Sicht des Erwachsenen zu sehen und auch eine neue Entscheidung zu treffen. Du kannst diese Beziehung und auch die Situation befrieden. Mit Achtsamkeit lassen sich deine alten Muster einfangen und zu einem bewussteren Leben umwandeln. Du gehst neue Schritte und gestaltest somit Stück für Stück deinen Lebensweg neu. Starte mit Selbstreflexion und dann geht es darum, dir deine Schwächen und Fehler aus der Vergangenheit zu vergeben und ein neues Kapitel aufzuschlagen. Du wusstest es damals nicht besser und hast in der Situation, die für dich beste Entscheidung getroffen.

Filmzitat: Viel mehr als unsere Fähigkeiten, sind es unsere Entscheidungen, die zeigen, wer wir sind. – Dumbledore in Harry Potter und die Kammer des Schreckens

Jetzt fängt ein bewussteres Leben an. Ein Leben, das nicht von Angst, Glaubenssätzen, schlechten Erfahrungen, Traumata und negativen Gedanken dominiert wird, sondern eins, indem du deine Komfortzone/deinen Wohlfühlbereich verlässt und von nun an deine eigenen Entscheidungen triffst und ausgesuchte Wege gehst.

Filmzitat: Die Welt sehen, Dinge an, die herankommen gefährlich ist, hinter Mauern blicken, sich näher kommen. Das ist der Sinn des Lebens. – The Secret of life of Walter Mitty

Quelle: Foto von Pixabay.com

Wer bist du in deiner allerschönsten Version, wie fühlst du dich, wenn du sie lebst? Erinnerst du dich noch an deine Träume, als du noch klein warst? Was ist daraus geworden? Nimm dir zum Beispiel ein Foto aus Kindertagen oder auch aus deiner Jungendzeit, schau dir in die Augen und erinnere dich an dich, wie du damals warst. Was sagt dein ich von damals zu dir? Sind da vielleicht Träume, Ziele oder Visionen in Vergessenheit geraten? Wollen wir sie gemeinsam wieder aufleben lassen? Es muss auch gar nicht genau so sein, vielleicht kannst du dir das Lebensgefühl, das du damals mit deinem Traum verbunden hast, heute mit etwas ganz anderem erfüllen? Schreibe dir deinen Traum, Ziel, Vision oder deinen Wunsch auf einen Zettel. Dann schließt du deine Augen und spürst in dich hinein: Was soll mir das geben? Schreib die Antwort auf und frage dich wieder: Was soll mir das geben? Das machst du so lange, bis die Antwort immer dieselbe ist. Dann bist du an dem tiefen Wert angekommen, den du mit diesem Traum oder Wunsch verbindest. So verbindest du dich mit dem Gefühl der Fülle und träumst oder visionierst nicht mehr aus einem Mangel heraus. Denk immer daran, Fülle kann nur aus Fülle entstehen. Vielleicht hast du dir, auf die eine oder andere Art, deinen Wert bereits in dein Leben geholt, und vielleicht lebst du ihn sogar schon.

Filmzitat: Es ist möglich, wenn du daran glaubst. - Der verrückte Hutmacher, Alice im Wunderland

Und noch ein Filmzitat: Ich glaube, man muss eine Entscheidung treffen: Entweder man entscheidet sich zu leben, oder man entscheidet sich zu sterben. – Andy Dufresne, The Shawshank Redemption

Wenn du spürst, da ist noch Luft nach oben, dann frage dich: Warum gehe ich den nächsten Schritt nicht? Wo halte ich mich zurück? Und erkenne die Geschichte, die du dir immer wieder selbst erzählst. Damit kannst du angefangen, deinen Film umzuschreiben und den Fokus neu zu setzen. Heilung entsteht nur, wenn du dem Schmerz auf den Grund gehst. Und was wäre, wenn dein Schmerz deine größte Stärke ist?

Ich lade dich ein, mit mir zusammen, hinzuschauen, hineinzufühlen, anzuerkennen und dann deinen Film und deine Rolle umzuschreiben. Wenn du spürst, dass es an der Zeit ist, deine alten, viel zu kleinen Kleider abzulegen, dann fang an zu dir und deiner Geschichte zu stehen, kümmere dich um dich und strahle, auf deine dir eigene Art und Weise, in die Welt hinaus!

Quelle: Foto von Pixabay.com

THE END

Über die Autorin

Mein Name ist Antje Busbach. Ich arbeite als Masterinspirationscoach nach Herz über Kopf und bin Greator Coach und Musiktherapeutin. Seit längerem beobachte ich, dass die Anzahl der Menschen, die Anzeichen einer Überforderung aufweisen, stetig wächst. Auch die derzeitigen Probleme verängstigen viele Menschen. In meinem Coaching suchen wir gemeinsam nach Lösungen, wie sie ihre Ängste und Überforderungen in den Griff bekommen können und ich zeige ihnen verschiedene Lösungsansätze auf.

Website: www.AntjeBusbach.com

SCAN ME

AGNES SCHIEDT

MIT ACHTSAMKEIT ZU MEHR LEBENSFREUDE & LEICHTIGKEIT: EINBLICKE IN MEINE COACHINGPRAXIS

Ellen: „Mir begegnen immer wieder die Begriffe Achtsamkeit und Entspannung. Nachdem ich weiß, dass Du, Agnes u.a. Achtsamkeits- und Entspannungstrainerin bist, dass Du begeistert davon bist und es sogar Dein Leben verändert hat, möchte ich Dich folgendes fragen:

- Was ist Achtsamkeit genau?
- Wie und wo kann sich mein Leben verändern, wenn ich Achtsamkeit und Entspannung mehr integriere?
- Was hat Achtsamkeit in Deinem Leben verändert?
- Kannst Du mir Beispiele aus Deinen Coachings geben und praktische Übungen, wie Achtsamkeit und Entspannung Deine Klientinnen und Klienten unterstützt?"

Ellen: „Ich fange mit folgender Frage an: Was ist Achtsamkeit und was ist an Achtsamkeit so besonders?"

Agnes: „Was Achtsamkeit ist, ist nicht leicht in wenige Worte zu fassen. Es ist genauso schwierig, wie zu beschreiben, was Liebe ist. Achtsamkeit ist für mich eine Art Lebenseinstellung.

<u>Zusammenfassend geht es bei Achtsamkeit um folgende Aspekte:</u>

1. Entspannen mit Übungen und Meditation
2. Gefühle, Gedanken, sogar Schmerzen u.a. wohlwollend und liebevoll beobachten und NICHT bewerten
3. Im Hier und Jetzt leben und denken
4. Sich auf EINE Sache konzentrieren und ausüben
5. Selbstliebe und Selbstmitgefühl anwenden
6. Positives Denken und Dankbarkeit praktizieren
7. Annehmen: „Es ist so wie es ist.""

Ellen: „Welche Rolle spielt Entspannung in der Achtsamkeit?"

Agnes: „Entspannung spielt bei der Achtsamkeitspraxis eine große Rolle. Sie findet sich in den Achtsamkeitsübungen und der Meditationspraxis wieder, um den Körper, den Geist und die Seele zu entspannen, zu beruhigen und in Einklang zu bringen. Schon durch die Beruhigung Deiner Gedanken durch Entspannung und Meditation findest Du zu Deiner Mitte zurück und fühlst Dich dadurch zentrierter, selbstbewusster, konzentrierter und energie- und freudvoller. Pausen der Entspannung bewirken bei mir persönlich wahre Wunder. Ich kann dadurch sozusagen meinen Akku wieder aufladen und fühle mich nach einer Entspannung oder Meditation geistig und körperlich wieder viel fitter und frischer."

Quelle: Foto von Pixabay.com

Ellen: „Kannst Du mir bitte genauer erklären, was Du mit „Beruhigung meiner Gedanken“ meinst?“

Agnes: „Du wirst von Deinen Gedanken unbewusst geleitet, wie von einem Navi. Deine Gedanken sind aber oft nicht dienlich, weil sie von Deiner Vergangenheit geprägt sind und so Deine Zukunft teilweise sehr negativ beeinflussen. D.h., Du malst Dir gedanklich Situationen aus und durchlebst diese, obwohl sie nie in der Wirklichkeit eintreten. Das Schlimme ist, dass Dein Körper und Dein ganzer Organismus gestresst werden, als ob Du diese Situation in der Realität tatsächlich erleben würdest.

Gedanken und Vorstellungen, ob positive oder negative, beeinflussen Dein seelisches und körperliches Befinden.

<u>Negative Gedanken:</u>

- belasten Deinen Körper, Deinen Geist und Deine Seele und
- können physische und psychische Krankheiten hervorrufen

Positive Gedanken hingegen:

- wirken wie Medizin auf Deinen Körper und
- wie Balsam auf Deinen Geist und Deine Seele

Ich lernte und bemerkte am eigenen Leib, dass meine bewertenden (positiven, negativen, neutralen) Gedanken über eine Situation oder einen Menschen meine Gefühle beeinflussen und somit auch mein Handeln und mein ganzes Leben im Innen und Außen bestimmen. Man nennt das Reiz-Reaktions-Automatismus, der bei allen Menschen sehr schnell und unbewusst abläuft. Er hat auch seinen Sinn, um in Gefahrensituationen schnell reagieren und entscheiden zu können, ob ich fliehe oder angreife. In vielen Situationen ist dieser Automatismus aber hinderlich, weil die Situation oder die Menschen, die wir gerade erleben, durch die Brille unserer Vergangenheit wahrgenommen werden. Diese Wahrnehmung ist aber nicht aktuell und nicht wahrheitsgetreu.

Ein Beispiel: Zwei Personen begegnet ein Hund. Die Person A ist schon von einem Hund gebissen worden und sieht primär die Gefahr in dem Hund und seinen spitzen Zähnen. Die Person B hatte nur positive Erlebnisse mit Hunden und sieht in dem Hund ein liebevolles Tier und sein weiches Fell zum Streicheln. Die Person A fühlt Angst und distanziert sich von dem Hund und die Person B fühlt Freude beim Anblick des Hundes und geht auf den Hund zu und streichelt ihn. Dieses Beispiel zeigt, dass der Hund nichts dafür kann, wie ihn die zwei Personen A und B unterschiedlich wahrnehmen. Sie bewerten ihn basierend auf ihren früheren Erfahrungen. Dementsprechend fühlen sie und dementsprechend verhalten sie sich danach.

Das heißt wie Du dich fühlst, hängt also nicht von der Situation und Deinen Mitmenschen ab, sondern davon, was DU über die Situation und die Mitmenschen denkst bzw. wie DU die Situation und die Mitmenschen bewertest.

Durch das reine Beobachten Deiner Gedanken kannst Du die automatische Bewertung sogar stoppen und die Situation und den Menschen mit Abstand, in Ruhe, liebevoll, wohlwollend und sogar neu betrachten. Das bringt Dir wunderbaren Frieden im Innen und Außen. Dadurch ist es Dir sogar möglich, Beziehungen ganz anders zu führen – die Beziehung mit Dir selbst und mit anderen."

Ellen: „Was heißt eigentlich im „Hier und Jetzt" sein?"

Agnes: „Im „Hier und Jetzt" heißt, in der Gegenwart leben, denken und fühlen und nicht in der Vergangenheit und nicht in der Zukunft. Dazu gibt es eine buddhistische Anekdote, die das wunderbar erklärt:

„Was machst du, um dich zu entspannen?", fragt der Schüler seinen Meister.

„Nichts", erwiderte der Meister.

„Wenn ich gehe, gehe ich, wenn ich esse, esse ich,

und wenn ich schlafe, schlafe ich."

„Das tun doch alle“, meinte der Schüler darauf.

„Eben nicht!“, antwortete der Meister. „Wenn Ihr sitzt, dann steht Ihr schon, wenn Ihr steht, dann lauft Ihr schon, wenn Ihr lauft, dann seid Ihr schon am Ziel.“

Ist es nicht bei Dir auch so? Im Alltag hetzt Du meist von einer Situation zur nächsten, denkst schon beim Frühstück daran, was in der Ausbildung oder Arbeit ansteht und in der Ausbildung oder Arbeit planst Du, was am Abend noch erledigt werden muss. Wenn Du ehrlich bist, bist Du selten mit Deinen Gedanken tatsächlich im Hier und Jetzt. Das verursacht Stress, der sich negativ auf unsere Gesundheit auswirkt. Im Extremfall kann das zu Burnout, Depressionen, Angstzuständen oder Panikattacken führen.

Bei Achtsamkeitsübungen geht es auch darum, Ballast in Form von belastenden Gedanken abzuwerfen. Denn je weniger wir über bestimmte Dinge grübeln, desto mehr kannst Du Dich auf das Hier und Jetzt, also auf das Wesentliche konzentrieren und bewusster leben.

Achtsamkeit ist die Fähigkeit, mit ungeteilter Aufmerksamkeit nur EINE Sache zu einer Zeit zu tun. Indem ich mich dem zuwende, was im Hier und Jetzt passiert, bringe ich Körper, Geist und Seele in Übereinstimmung miteinander.“

Grafik: Quelle Henck van Bilsen

Ellen: „Wie ist das gemeint, mich auf nur EINE Sache zu konzentrieren?"

Agnes: „Ich konzentriere mich auf EINE Sache, indem ich mit meinen Gedanken genau in diesem Augenblick bin und genau DAS bzw. nur EINE Sache beobachte, was ich gerade mache, denke, höre, sehe, rieche, schmecke oder fühle. Durch dieses Lenken meiner Aufmerksamkeit auf eine Sache bringe ich meinen Körper, meinen Geist und meine Seele in die Gegenwart, ins Hier und Jetzt.

Dazu gibt es wunderbare, einfache Achtsamkeitsübungen, bei denen Du üben kannst, Dich auf EINE Sache im Hier und Jetzt zu konzentrieren. Diese kannst Du überall und jederzeit in Deinen Alltag integrieren. Bei diesen Übungen kannst Du z.B. Deinen Atem beobachten, die Umgebung mit EINEM Deiner Sinne wahrnehmen oder z.B. Deine Zähne putzen, Dich duschen oder Deinen Kaffee zubereiten mit Deiner vollen Aufmerksamkeit. Das Wichtige dabei ist, dass Du Deine

Tätigkeit und Dein Sein im Hier und Jetzt nur beobachtest, NICHT beeinflusst und NICHT bewertest. Wenn Deine Gedanken sich dazwischen zeigen, nimm sie einfach liebevoll und wohlwollend wahr, setze sie in Gedanken auf eine Wolke oder auf ein Blatt im Fluss, lasse sie weiterziehen und kehre achtsam zurück zu Deiner Beobachtung des Augenblicks.

Gut üben kannst Du dies auch in geführten Meditationen, also von jemandem gesprochene Meditationen z.B. aus dem Internet, wie z.B. einer Atemmeditation oder einer Body Scan Meditation."

Ellen: „Wie kann ich denn durch Achtsamkeit mehr Selbstliebe erlangen?"

Agnes: „Auf meinem achtsamen Weg vermehrte sich die Liebe und das Mitgefühl zu mir selbst wie von selbst in meinem Entwicklungsprozess. Wichtige Themen wie Grenzen setzen, Dankbarkeit praktizieren, auf meine Intuition hören, besserer Umgang mit negativen Gefühlen und mich „ins Lot" bringen, spielten dabei eine große Rolle.

Ich ging mit der Zeit immer liebevoller mit mir selbst um und lernte immer mehr, anderen im Umgang mit mir Grenzen zu setzen. D.h., ich ließ mich von Mitmenschen nicht mehr unachtsam behandeln und traute mich NEIN zu sagen. Diese persönliche Veränderung braucht natürlich Mut und bringt immer eine Veränderung im System, d.h. im Umfeld mit sich. Diese Veränderung kann sehr gut und hilfreich sein.

Foto: Agnes Schiedt

Bei mir sind ein paar „nichtachtsame“ Menschen durch meine persönliche Entwicklung aus meinem Leben verschwunden, andere tolle gleichgesinnte, liebevolle, verständnisvolle, achtsame, wertvolle Menschen sind dazugekommen, die sehr gut zu mir passen. Diese Entwicklung empfand ich keineswegs als negativ, sondern als Aufräumen und Neugestaltung meines sozialen Umfeldes. Was meine Selbstliebe und mein Selbstmitgefühl auch stärkte, war die Tatsache, dass ich das, was ich habe, mehr wertschätze. Es ist mir viel bewusster, was ich für Schätze in meinem Leben habe. Ich bin dadurch insgesamt zufriedener und ausgeglichener.

Achtsamkeit förderte zudem meine Intuition bzw. brachte sie wieder mehr zum Vorschein. Das ist sehr wertvoll, denn seitdem weiß ich immer, was für mich gut ist. Ich spüre das. Meine innere Stimme „spricht“ mit mir und hilft mir, wenn ich Entscheidungen treffen muss. Ich höre auch mehr auf meine Körperempfindungen und gehe so fürsorglicher und liebevoller mit mir selbst um.

Dadurch entdeckte ich auch mehr meine Liebe zu mir selbst und genieße seitdem dieses Gefühl, weil ich mich viel mehr akzeptiere, wie und wer ich bin. Das ist eine unglaubliche Befreiung und bringt Kraft und Energie. Ich gehe anders durch die Welt, ich nehme mehr wahr und genieße mehr.

Ich fand mit der Achtsamkeitspraxis auch ein Mittel, das mir hilft, wenn ich mal unangenehme Gefühle habe, wenn ich z.B. traurig bin oder mich geärgert habe, mich gestresst oder „aus dem Lot gekommen" fühle. Alleine nur durch das Erkennen, Fühlen, Beobachten, Nicht-Bewerten und Annehmen des Gefühls in mir und in meinem Körper kann ich mich selber wieder zentrieren, also in meine Mitte zurückbringen. Das ist ein Segen, weil ich schneller wieder ausgeglichen und zufrieden bin. Diese Achtsamkeitspraxis funktioniert u.a. auch bei Schmerzen, Ängsten und negativen Gedanken.

Ich kann Dir sehr ans Herz legen, Dich auf den Weg der Achtsamkeit zu begeben, weil Du einfach lernst, mit Dir, mit Deinem Umfeld, Deinen Gefühlen, Deinen Gedanken, mit schwierigen Momenten und Zeiten und mit Stress besser und achtsamer umzugehen."

Ellen: Die Dankbarkeit und das positive Denken sind also auch sehr wichtig in der Achtsamkeitspraxis?

Agnes: „Ja, genau. Dankbarkeit und positives Denken sind ausgesprochen wichtige Tools in der Achtsamkeitspraxis.

Dankbarkeit macht das eigene Wohlbefinden, die Gefühle, die Gedanken, das ganze Leben viel positiver und schöner und die Work-Life-Balance ausgeglichener. Durch das Praktizieren von Dankbarkeit, wertschätzt Du Dich, Mitmenschen, Dinge, Kleinigkeiten und Momente, auch Tiere und die Natur stärker und Du musst nicht ständig nach dem Neuen und Besseren jagen, weil Du zufriedener in Dir ruhst - unabhängig von dem Außen. Die Hauptsache ist, Du genießt Dein Leben und machst das Beste daraus. Das geht am besten mit Dankbarkeit - mal wieder dankbar sein für das, was Du hast, anstatt zu bemängeln, was Du nicht hast.

Positives Denken ist eine Denkgewohnheit, die erlernt werden muss wie Autofahren, Schwimmen oder Radfahren und die dann durch ständiges Üben in Fleisch und Blut übergeht. Wenn Du es einmal beherrschst, wirst Du süchtig nach den positiven Auswirkungen und Veränderungen, die sich dadurch fast wie von selbst ergeben. Wenn Du positiv denkst, dann ziehst Du auch automatisch Positives in Dein Leben – sowohl Menschen als auch Situationen.

Positives Denken wirkt sich positiv auf alle Bereiche Deines Lebens aus:

- Auf Deine beruflichen Erfolge,
- Deine zwischenmenschlichen Beziehungen,
- Deine geistigen Fähigkeiten und auf Deine Wahrnehmung,
- Dein seelisches Wohlbefinden und auf
- Deine Gesundheit

Positive Gedanken lösen in Deiner Seele, Deinem Geist und Deinem Körper positives Befinden aus, d.h. es geht Dir einfach besser! Und wenn es Dir besser geht, ist Deine Work-Life-Balance und Deine Gesundheit auch besser und ausgeglichener.

Da gibt es eine schöne Aussage von Buddha: „Wir sind, was wir denken. Alles, was wir sind, entsteht aus unseren Gedanken."

Das heißt, unsere Gedanken gestalten unser Leben, unsere Gesundheit, unsere Beziehungen, unsere Umwelt und unsere Zukunft. Das ist doch ein guter Grund, ab jetzt nur noch positiv zu denken."

Ellen: „Du hast vorhin noch das „Annehmen - Es ist so wie es ist" angesprochen. Kannst Du mir das bitte detaillierter erläutern?"

Agnes: „Es geht hierbei um das Annehmen der Realität.

Es gibt in jedem Leben eines Menschen Situationen, die er nicht ändern kann. Das Annehmen der Realität bedeutet, eine Situation, die Du nicht ändern kannst, so anzunehmen, wie sie im Moment ist. Da hilft es nicht, sich Vorwürfe zu machen, Schuldgefühle zu haben, sich zu ärgern oder die Sache zu ignorieren. Oft ist es so, dass Du erst durch das Annehmen einer Situation die Freiheit zurückgewinnst, um loslassen und wieder konstruktiv handeln zu können. *Ein Sprichwort sagt: „Das Alte muss sterben, damit sich das Neue entfalten kann."*

Der Unterschied zwischen Annehmen und Hinnehmen ist wichtig.

Annehmen heißt NICHT Hinnehmen. Hinnehmen heißt, alles bleibt gleich, Du bleibst in der passiven Opferrolle und erduldest die Situation.

„Akzeptieren, wie es ist" heißt verändern.

Wertvoller, gewinn- und glücksbringender ist es Veränderungen zu akzeptieren, die Du nicht ändern kannst, statt dagegen anzukämpfen. Ab einem bestimmten Punkt ist Akzeptanz gesünder als Kampf! Wir versuchen öfter, Dinge, Situationen und Menschen zu ändern, die nicht zu verändern sind und das kostet wahnsinnig viel Energie. Wenn wir unsere Haltung zu ihnen ändern und den Satz „Es ist wie es ist." verinnerlichen, können wir vieles mit mehr Gelassenheit sehen und annehmen. Und manchmal verändert sich die Situation plötzlich von ganz alleine, wenn Du sie akzeptierst und nicht mehr dagegen ankämpfst.

Das ist auch bei Deinen Mitmenschen so. Wenn Du den Satz „Sie sind wie sie sind." verinnerlichst und Dir bewusst machst, dass sie eigenständige Wesen und tolle Wesen mit eigenen Potentialen und eigenen Wertvorstellungen sind, dann versuchst Du sie nicht mehr zu verbiegen. So kannst Du mit mehr Gelassenheit und Zufriedenheit durchs Leben gehen, weil Du ihnen mit mehr Achtsamkeit, Liebe, Einfühlungsvermögen, Respekt und Dankbarkeit, mit mehr Vertrauen und

Gelassenheit begegnest. Dann werden auch Deine Beziehungen zu ihnen reibungsloser, einfacher und schöner.

Mit Achtsamkeit kann man bei Beschwerden und Krankheit Lebensfreude zurückgewinnen.

Achtsamkeit kann sogar Patienten mit Burnout, Depression, chronischen Schmerzen oder schweren Krankheiten helfen. Viele von ihnen waren verzweifelt und ihr Leben kreiste nur noch um ihre Krankheiten und Beschwerden, die dadurch zum Lebensthema wurden. Diese Menschen verfielen in die Opferrolle und sie ließen zu, dass ihre Beschwerden, Schmerzen und Krankheiten die Macht über sie bekamen.

In der Achtsamkeitspraxis wird ihnen beigebracht, mit Ihren Krankheiten und Schmerzen besser zu leben. Sie lassen ihre Opferrolle los und die Beschwerden verlieren die Macht über sie. So gewinnen sie ein Stück Lebensfreude zurück und das ist unglaublich viel wert. Bei mir war das als chronische Schmerzpatientin auch so. In einem Achtsamkeitstraining lernte ich es meine Schmerzen zuzulassen, zu fühlen und den ersten Schritt des Annehmens und Loslassens zu gehen. Mein Bewusstsein und meine Einstellung zu mir und zum Leben veränderte sich dadurch. Durch weitere Erkenntnisse, Erlebnisse und neu erlangtes Wissen wurde mein Leben immer positiver, glücklicher und gesünder. Meine Schmerzen verschwanden sogar ganz.

Wichtig dabei ist: *„Fokussiere Dich immer auf das, was Du beeinflussen bzw. kontrollieren kannst. Das andere akzeptiere* *und nimm es an, so wie es ist. Dadurch reagierst Du nicht mehr auf die Umstände, sondern Du agierst. Dies macht freier und zufriedener."*

Üben kannst Du das „Annehmen, wie es ist" in deinen Alltagssituationen, z.B.: wenn Du in der Schlange an der Supermarktkasse stehst: Ärgere Dich nicht, sondern nutze diese Zeit, um z.B. Musik zu hören, in Deine Notizen zu schreiben, für was Du dankbar bist, eine Atementspannung zu machen oder einfach zu träumen."

Quelle: Foto von Pixabay.com

Ellen: „Wie und wo kann sich mein Leben verändern, wenn ich Achtsamkeit und Entspannung mehr integriere?"

Agnes: „Achtsamkeit und Entspannung können in Deinem inneren Empfinden, Wahrnehmen, Denken, Fühlen und Handeln Veränderungen bewirken. So kann sich Deine Lebensweise und Deine Einstellung zu Dir selbst, zu anderen, der Natur, zu Situationen, Erlebtem und der ganzen Welt auf wunder-volle Weise positiv beeinflussen und verändern. Achtsamkeit und Entspannung können alle Lebensbereiche, die zu einer guten ausgeglichenen Work-Life-Balance nötig sind, positiv beeinflussen."

Ellen: „Was hat Achtsamkeit in Deinem Leben verändert?"

Agnes: „Achtsamkeit und Entspannung waren vor einigen Jahren ausschlaggebend für die Veränderung meines damals sehr anstrengenden Lebens, das von chronischen Schmerzen, stressigem Alltag und beruflicher Unzufriedenheit geprägt war. Mein Leben veränderte sich hin zu einem zufriedenen, fröhlichen und gesunden Leben. Daraus resultierte auch die Veränderung von meinem Beruf als Architektin hin zu meiner Berufung als Stress- und Gesundheitsmanagementtrainerin (unter anderem Achtsamkeits- und Entspannungstrainerin), Ernährungsberaterin und Coach."

Ellen: „Kannst Du mir Beispiele aus Deinen Coachings geben und praktische Übungen, wie Achtsamkeit und Entspannung Deine Klientinnen und Klienten unterstützt?"

Agnes: „Ja, klar, sehr gerne.

<u>Ein Beispiel zum Thema „Freude und Genuss, Natur und persönliche Kontakte machen Dich glücklich"</u>

Bei Christopher (52) fanden wir im Coaching heraus, dass er ein ausgesprochen großes Bedürfnis nach Sicherheit hat. Er hatte in seinem Leben schon viele Sicherheiten eingebaut, fühlte sich aber trotzdem immer noch unsicher und unzufrieden. Wir analysierten, warum ihm Sicherheit so wichtig war und schauten, wo Leichtigkeit und Freude in seinem Leben wieder Platz bekommen könnten. Wir fanden heraus, dass er als Kind viel in der Natur war, jetzt in der Großstadt lebte und ihm die kraft- und ruhespendende Natur fehlte.

Durch diese Erkenntnis fand er wieder zurück zur Natur und ging jede freie Minute raus, am Wochenende sogar in die Berge. Er meldete sich bei einem Verein an und ging von nun an mit anderen zusammen in die Natur. Dort fand er auch Gleichgesinnte und fühlte sich wieder dazugehörig. Dadurch gestärkt, ruhiger und zufriedener konnte er das Bedürfnis nach Sicherheit gelassener betrachten und auch damit verbundene Ängste durch unser Coaching verstehen lernen und loslassen. Christopher lachte wieder und konnte wieder freier leben und genießen. Um Genuss geht es bei Achtsamkeit auch ganz viel. Darum, wieder zu sehen, wo und welche Schätze Du in Deinem Leben bereits hattest und hast, und dankbar dafür zu sein. Außerdem geht es darum, diese auszubauen, und die Freude und den Genuss wieder zuzulassen und zu integrieren.

Dafür kann ich Dir eine ÜBUNG empfehlen:

Schreibe für Dich in einer Liste von A-Z auf, was Dir früher als Kind, Jugendlicher, junger Mensch Spaß gemacht hat und was Dir heute Freude und Genuss bereitet. Du kannst auch notieren, was Du schon immer einmal machen bzw. erleben wolltest, um dies dann später in die Tat umzusetzen. Da kann z.B. bei dem Buchstaben „T“ Tanzen, Tischtennis, Tiere oder

Telefonieren stehen. Es kann sein, dass Du plötzlich etwas entdeckst, das Du geliebt hast und aus den Augen verloren hast. Fange wieder damit an und verbinde erneut diese Freude mit Deinem Leben.

Ein weiteres meiner Coaching-Themen war: „Umgib Dich mit Menschen, die Dir gut tun"

Lina (25) war sehr schüchtern, zurückhaltend und ernst, als sie zu mir ins Coaching kam. Wir kamen beim näheren Hinsehen dahinter, dass sie wenig Selbstliebe verspürte und lebte. Sie hatte Verlustängste und Angst vor Kritik, Ablehnung, und Konflikten. Zudem kannte und lebte sie ihre Bedürfnisse nicht. Deshalb machte sie es anderen recht, nur sich selbst nicht. Durch ihr Verhalten ließ sie zu, dass andere Menschen regelrecht über sie bestimmten.

Über die Achtsamkeit lernte sie, achtsam mit sich umzugehen und sich selbst in den Mittelpunkt ihres Lebens zu stellen. Sie lernte mit negativen Gefühlen, zum Beispiel nach einem Streit, besser umzugehen, Grenzen zu setzen und Nein zu sagen. Im Coaching analysierten wir ihre Bedürfnisse und mit diesem Wissen darüber konnte sie diese leben, vertreten und kommunizieren. Sie weiß nun, dass SIE der wichtigste Mensch in ihrem Leben ist und lebt seitdem danach. Sie bemerkt seitdem, dass sie sogar mehr Respekt erhält von ihren Mitmenschen, weil sie mehr Grenzen setzt und Nein sagt und zu ihren Bedürfnissen steht und nach diesen lebt. Sie hat seither mehr Energie, Zufriedenheit und Freude im Leben und liebt und akzeptiert sich und geht achtsam mit sich um.

Achtsamkeit bringt Dich Dir selbst wieder näher. Durch sie kommst Du näher zu Deinen Werten, Deinen Bedürfnissen, Deinen Gefühlen, Deinem Körper, Deiner Intuition, Deinen Wünschen und Träumen und insgesamt zu DEINEM Leben. Dadurch lernst Du wieder mehr DEIN eigenes Leben zu leben, so wie Du es willst und nicht nach der Meinung anderer. Wie bereits erwähnt, bringt eine persönliche Veränderung immer auch eine Veränderung in Deinem System, d.h. in Deinem Umfeld mit sich. Manchmal bricht der Kontakt zu einzelnen Personen sogar ab und es kommen neue Menschen dazu. Bei meiner Klientin war es so, dass Menschen, die nicht mehr in ihr „neues" Leben passten, oft Menschen waren, die früher über sie bestimmen wollten. So empfand sie es sogar als Befreiung, diese Menschen nicht mehr in ihrem Leben zu haben. Seitdem kommen neue Freunde und Bekannte in ihr Leben, die mit ihr achtsam und respektvoll umgehen.

<u>Hier habe ich noch eine ÜBUNG für Dich:</u> Erstelle Dir eine Liste mit den Menschen, die Dich umgeben und mit denen Du privat oder beruflich Kontakt hast. Teile sie nun folgendermaßen ein:

- in Menschen, die Dir gut tun und Dir Energie geben und kennzeichne diese mit einem grünen +
- in Menschen, die Dir NICHT gut tun und Dir Energie entziehen und kennzeichne diese mit einem roten –

- in Menschen, die Du als neutral empfindest und die Dir weder Energie entziehen noch geben. Kennzeichne diese mit einem blauen o.

Jetzt kannst Du handeln und den Kontakt zu den Leuten, die ein „–“ bekommen haben, reduzieren und nur noch Umgang mit Ihnen haben, wenn DU dazu bereit bist und Lust dazu hast. Du kannst sogar den Kontakt abbrechen und sie aus Deinem Leben komplett ausziehen lassen und ihnen nicht einmal mehr als Gast Zugang gewähren. Das nennt man: „MEIN Leben leben!“

<u>Ein weiteres Thema war „Pausen beruhigen Dich und Deine Gedanken und geben Dir Kraft“</u>

Tatjana (41) ist Hausfrau, Mutter und Ehefrau eines erfolgreichen Mannes. Als wir das Coaching begannen, war sie sehr unzufrieden und mit ihren Gedanken viel in der Vergangenheit ihres Lebens unterwegs. Nur bei der Gartenarbeit war sie gedanklich in der Gegenwart und konnte aufblühen. Wir schafften es, dass sie ein Thema nach dem anderen ihrer Vergangenheit losließ. Für jedes losgelassene Thema pflanzte sie eine Blumenzwiebel im Garten, die im Frühjahr zu blühen begann. Sie erinnerte sich dann daran, dass die Vergangenheit zu ihrem Leben gehörte, und sie jetzt das Positive aus vergangenen Erfahrungen in ihre Gegenwart mitnahm und daraus etwas Schönes und Neues wachsen kann und darf. Aus jedem Thema aus der Vergangenheit, dass sie durch das Analysieren und Bearbeiten verstand, woher es kam und was es ihr sagen wollte, konnte sie etwas Positives daraus gewinnen, konnte sie loslassen und die Stärke daraus mit herausnehmen und in ihr Leben integrieren.

Meine Klientin konnte endlich wieder mit ihren Gedanken und mit ihrem ganzen Sein in der Gegenwart ankommen und fühlte wieder, was sie wollte und brauchte. So nahm sie ihren Beruf als Zahntechnikerin wieder auf. Das war der Beruf, den sie gelernt und auch gerne ausgeübt hatte, bevor sie Mutter wurde. Sie empfand sich und ihre Arbeit als nützlich, hatte Abwechslung zum Mutterdasein und freute sich, ihr eigenes Geld zu verdienen. Damit wurde ihr Selbstwert gestärkt.

Alle Erlebnisse in Deiner Vergangenheit machen Dich zu dem Menschen, der Du heute bist. Wenn Du Dich in der Vergangenheit verlierst und nur in Gedanken darin lebst, dann verpasst Du die Gegenwart und somit auch die Zukunft. Durch das Aufarbeiten und das Annehmen Deiner Vergangenheit, das Positive daraus mitnehmen und das Loslassen, kannst Du Stärke und Vertrauen für die Gegenwart gewinnen und Dein Leben so gestalten, wie Du es im Hier und Jetzt möchtest. Dies beeinflusst dann auch Deine Zukunft positiv.

Mit der Achtsamkeitspraxis kannst Du Deine Gedanken beruhigen, Dein Gedankenkarussell stoppen und im Hier und Jetzt ankommen. Du kannst es täglich und jederzeit ohne irgendwelche Hilfsmittel üben und in jedem Moment ausführen. Du konzentrierst Dich auf EINE Sache und bringst Deine Gedanken sofort ins Hier und Jetzt, auf Deine Atmung, auf einen Deiner fünf Sinne, auf das, was Du gerade tust. Auch Meditationen, Körperreisen und Entspannungstechniken bringen Dich aus dem Gedankenstrudel und Du kannst innere Stärke und Ruhe dadurch finden. Weil Deine Gedanken nicht mehr so laut sind, bekommst Du auch wieder Kontakt zu Deiner Intuition und kannst diese leise Stimme hören, wenn sie zu Dir spricht.

Hierzu habe ich auch eine ÜBUNG: Setze Dich an einen ruhigen Ort und nimm Deinen Atem wahr, wie er ein- und ausströmt, wie dabei Dein Bauch oder Dein Brustkorb sich heben und senken. Sprich lautlos folgendes mit:

- beim Einatmen: *Ich atme ein*
- beim Ausatmen: *Ich atme aus*

als Variante oder zusätzlich:

- beim Einatmen: *Ich bin hier*
- beim Ausatmen: *Ich bin jetzt*

Führe diese Übung mehrmals täglich mindestens eine Minute lang durch und spüre, wie Du innerlich und äußerlich ruhiger wirst und Deine Gedanken sich beruhigen. Je länger Du diese Übung ausführst, desto intensiver und nachhaltiger ist die Wirkung.

Mein eigenes Thema ist „Dankbarkeit ist ein wertvoller Schlüssel zu Deinem Glück“

Ich, Agnes Schiedt hatte jahrelang chronische Schmerzen und sollte operiert werden, weil sich eine Bandscheibe zersetzt hatte. Irgendetwas schrie in mir: „Nein, lass dich nicht operieren.“ Ich wusste nicht, wo diese Stimme herkam bis zu dem Zeitpunkt, an dem ich einen Achtsamkeitskurs besuchte. Dort lernte ich, dass diese wichtige innere Stimme meine Intuition ist, die mich leitet. Ich lernte auch, meine Schmerzen wohlwollend und liebevoll zu beobachten und NICHT zu bewerten oder wegdrücken zu wollen, denn jede Krankheit, Unverträglichkeit, Allergie und jeder Schmerz möchte einem etwas sagen. Ich nahm meine Schmerzen an, weil ich sie im Moment nicht ändern konnte und lebte den Satz: „Es ist so wie es ist.“. Plötzlich sprach meine innere Stimme zu mir und ich wusste genau, warum ich Schmerzen hatte und was ich in meinem Leben ändern musste, weil es mir nicht guttat. Ich änderte meine Arbeit, einen Teil meiner sozialen Kontakte, mein Denken und Handeln und v.a. den Umgang mit mir und meinem Körper. Ich änderte auch die geistige Nahrung und die Lebensmittel, die ich zu mir nahm. Ich wurde dankbar für die Kleinigkeiten und meine großen Schätze, die ich in meinem Leben habe, die mir begegnen und die ich erlebe. So kam es fast wie von alleine, dass meine Schmerzen nachließen und schließlich ganz verschwanden. Ich gestaltete mein Leben so um, dass ich seitdem mit meiner Familie zusammen wieder voller Lebensfreude, Gesundheit und Leichtigkeit lebe.

Die Achtsamkeitspraxis lehrt Dich, Gefühle, Gedanken und auch Schmerzen wohlwollend und liebevoll zu beobachten und NICHT zu bewerten, z.B. gut/schlecht, passend/unpassend. Dadurch liegt nicht mehr der Fokus darauf, weil Du durch das Annehmen bzw. das „damit leben lernen“ von Gegebenheiten, die Du nicht ändern kannst, entspannst und loslässt. Es kann sogar etwas Neues daraus entstehen und Schmerzen können wieder verschwinden. Was absolut hilfreich dabei ist, den Fokus von den belastenden Gefühlen, Gedanken oder Schmerzen zu lenken auf die Dinge, Erlebnisse, Situationen, Personen, Tier und Kleinigkeiten, für die Du dankbar bist.

<u>Auch hierzu habe ich eine kurze ÜBUNG:</u> Schreibe Dir auf, für was Du dankbar bist. Das kann das fließende Wasser sein, das aus der Leitung kommt, für Deinen Körper, der ein Wunderwerk ist und für ein leckeres Essen usw. Es wird Dir beim Betrachten jedes Tages und Deines Lebens viel einfallen. Denke daran, dass Du auch Kleinigkeiten aufschreibst, z.B. ein leckeres Eis, die Blume am Wegesrand, ein geschenktes Lächeln von jemandem. Du kannst die Dankbarkeit auch als Ritual in Deinen Tag einbauen und z.B. am Abend vor dem Schlafengehen ein bis fünf Punkte aufschreiben oder an Deinen Fingern aufzählen, für die Du an diesem Tag dankbar bist.

<u>Ein Coaching-Thema war „Me-Time – Zeit NUR für Dich ist GOLD-wert“</u>

Josefine (38), eine berufstätige Mutter kam total gestresst und verspannt zu mir ins Coaching. Sie war davon genervt, dass ihre

Kinder sich immer im Spielen oder anderen Dingen verlieren und nicht sofort das machten, was sie wollte. Wir fanden heraus, dass ihr Glaubenssatz „Nur wenn man hart arbeitet, wird man geliebt, gesehen und respektiert." der Grund dafür war. Mit dieser Strenge und Disziplin, die sie lebte, trieb sie sich und andere zum harten Arbeiten an und gönnte sich selbst und auch den anderen Menschen in ihrem Leben keine Pausen. Sie übte großen Druck, v.a. Zeit- und Leistungsdruck auf sich und auf ihre Kinder aus. Wir entwarfen für sie in ihrem Alltag Räume NUR für sie selbst, für Pausen, Entspannung und Me-Time. Sie zieht sich seitdem immer wieder regelmäßig zurück und schöpft aus den Pausen, den Entspannungen und Meditationen Kraft und Ruhe und findet zu ihrer inneren Mitte. Durch das Praktizieren von Entspannungstechniken hat sie auch ihre Körperwahrnehmung geschärft. Dadurch hat sie ein Gefühl dafür entwickelt, wann ihr Körper angespannt und wann er entspannt ist. So kann sie jetzt besser und gezielter mit ihren muskulären Verspannungen umgehen und diese selbst beeinflussen und beseitigen.

Im Coaching hat Sie gelernt, dass sie als Kind, wie jeder Mensch als Kind, bereits im Hier und Jetzt achtsam lebte und sie dies aber auf dem Weg zum Erwachsenwerden verlernte. Sie weiß und akzeptiert jetzt, dass ihre Kinder im Hier und Jetzt leben und lernt von ihnen, selbst wieder achtsamer zu leben. Sie nimmt ihre Kinder auch ab und zu mit in den „Pausenraum" und sie entspannen gemeinsam bei Kindermeditationen. Das tut allen gut und schafft eine ganz besondere Verbindung zwischen ihnen.

Wir alle waren als Kinder schon achtsam und lebten im Hier und Jetzt. Aber unsere Erziehung und die Gesellschaft haben es uns verlernen lassen. Du kannst Dich daran erinnern, wenn Du Kindern zuschaust und von ihnen lernst. Es ist wichtig, dass Du Dir Pausen und Zeit für Dich alleine regelmäßig, wie einen Geschäftstermin, in Deinen Kalender einträgst und ihn wahrnimmst. Mithilfe von Pausen, Entspannungen und Meditationen kannst Du Deinen Akku aufladen und wieder in Kontakt mit Dir selbst kommen. Wenn Du nur funktionierst und im Stress bist, verlierst Du Dich im Außen. Du hast auch kein Gespür mehr für Deine eigenen Bedürfnisse und Deine Intuition, die Dich am besten leitet. Wenn Du nur noch im Außen bist, dann triffst Du Entscheidungen ausschließlich aus dem Verstand heraus, die mit Deinen Werten und Bedürfnissen oft nicht übereinstimmen. D.h. Du fängst an, ein Leben zu leben, das nicht wirklich zu Dir passt. Wenn Du das über längere Zeit machst, und Du Dein Leben sozusagen „gegen Dich" lebst, kann es passieren, dass Du erschöpft, unzufrieden, krank oder verbittert wirst. Das kann dazu führen, dass Du in eine Depression, ein Erschöpfungssyndrom oder ein Burnout rutschst. Auch Dein Körper kann sich plötzlich mit Krankheiten, Unverträglichkeiten, Allergien und Schmerzen melden, weil das Gelebte im Außen nicht im Einklang mit Deinem Inneren ist. Diese Dysbalance entzieht Dir Energie. Die Lösung ist, herauszufinden, was in Deinem Leben nicht passt oder fehlt, dies dann zu verändern bzw. zu ergänzen und Dein Leben so einzurichten, sodass Du wieder Energie erhältst.

Hier ist eine ÜBUNG für mehr Me-Time: Nimm Dir jeden Tag mindestens 10 Minuten für DICH Zeit und trage diese Zeit fest in Deinem Kalender ein. Am besten stellst Du am Anfang noch einen Wecker, der Dich zusätzlich daran erinnert. Verbringe in diesen 10 Minuten alleine Zeit mit Dir. Höre Musik (am besten ohne Text), setze Dich in die Sonne und genieße die Wärme auf Deiner Haut, gehe in der Natur spazieren und genieße diese mit all Deinen Sinnen, lege Dich in die Badewanne oder meditiere oder entspanne mit einer Entspannungstechnik, die Dir gefällt und gut tut, z.B. Autogenes Training, Fantasiereise, Qi Gong. Zelebriere diese Zeit mit Dir und sei in dieser Zeit nicht erreichbar für andere."

Agnes: „Liebe Ellen, jetzt habe ich eine Frage an Dich:

Möchtest Du gesund und glücklich sein? Und was heißt das für Dich? Dein Leben nach Deinen Vorstellungen leben? Ein Leben, voller Lebensfreude, Zufriedenheit, Kraft und mit innerer Ruhe, Ausgeglichenheit und Leichtigkeit führen.

Lass Dir sagen: **Es ist möglich**, trotz schwierigen Zeiten im Leben, denn auch Krisen gehören zum Leben dazu. Sie sind normal und bieten die Chance für Deine persönliche Weiterentwicklung. Es braucht nur Mut zum ersten Schritt. Los geht's. Trau Dich."

AGNES SCHIEDT

STRESS- & GESUNDHEITSMANAGEMENT

Über die Autorin

Agnes Schiedt hatte ein Burnout und chronische Schmerzen und entwickelte genug Stärke, um ihr Leben privat und beruflich neu aufzustellen. Ihre langjährigen Schmerzen sagten ihr „lauthals", dass es etwas zu verändern gibt in ihrem Leben. Erst als sie ihnen Gehör schenkte, erkannte sie, welcher Weg nun für sie der richtige ist.

<u>Dies war der entscheidende Weg, um ihr Leben nach IHREN Vorstellungen zu realisieren:</u>

- Sie hat sich selbst aus sehr schwierigen Zeiten befreit und ihr Leben neu, gesund, schmerzfrei & glücklich gestaltet.
- Sie kann heute viel leichter und schneller ihre Familie, ihren Beruf und ihre Freizeit in Balance bringen und halten.
- Sie schafft es heute gut, sich selbst wieder in ihre Mitte zu bringen und daraus innere Ruhe, Kraft, Lebensfreude, Zufriedenheit, Ausgeglichenheit und Leichtigkeit für ihren Alltag zu schöpfen.

Heute ist es so, dass sie ihr Leben genießt – als Mutter von zwei Kindern, als Ehefrau, als Freundin, als selbständig Berufstätige und in bewussten Zeiten mit sich alleine.

Ihr Weg führte sie auch zu ihrer Berufung, mit der sie jetzt voller Freude Menschen unterstützt ihre Lebensfreude, ihre Kraft, ihre Gesundheit und ihre Leichtigkeit in ihrem selbstbestimmten Leben wiederzuentdecken.

Genau wie sie, kannst Du es auch schaffen ein glückliches Leben zu führen.

Auf Deinem Weg dorthin begleitet Agnes Schiedt Dich sehr gerne in ihren Kursen, Seminaren, Workshops und Coachings.

Nimm gerne unverbindlich Kontakt zu ihr auf, sie freut sich: https://agnes-schiedt.de

SCAN ME

SILKE RUSCH

WARUM NICHT MAL EINEN BAUM UMARMEN? DURCH WALDBADEN ENTSPANNEN UND AUFTANKEN

Worum es geht

„Shinrin Yoku", bei uns „Waldbaden" genannt, wird seit einigen Jahren bekannter und medial präsenter. In Japan wird es u.a. von Dr. Qing Li an der Nippon Medical School in Tokio umfassend erforscht. Das Waldbaden ist eine Entspannungsmethode mit großem Nutzen für Körper und Seele. Es kann zudem zum „Human Rewilding" beitragen, einem Ansatz zur Wiederentdeckung unserer Verbindung mit der Natur. Die Herausforderungen unseres hektischen Lebensstils und die damit verbundenen Zivilisationsprobleme wecken den Wunsch, sich wieder mehr in der Natur aufzuhalten. So werden wir resilienter und spüren wieder das Wesentliche unserer Existenz.

In diesem Beitrag möchte ich meine ganz persönliche Herangehensweise ans Waldbaden beschreiben. Wie kannst Du Waldbaden ohne großen Aufwand erleben und welch positiven Effekt hat es auf Dein Wohlgefühl? Denn Waldbaden unterstützt den Stressabbau, schult die Achtsamkeit und stärkt das Immunsystem.

Waldbaden für Dich

Hast Du einen eng getakteten Terminkalender und fühlst Dich gestresst? Bist Du vielleicht sogar doppelt oder dreifach belastet durch Aufgaben in der Familie? Die Kinder werden langsam älter und sind auf einem guten Weg in die Eigenverantwortlichkeit, da klopfen Eure Eltern mit erhöhtem Bedarf an und Du hast zunehmend das Gefühl, Dich selbst immer mehr zu verlieren und die alten Ideale und Pläne über Bord zu werfen? So oder ähnlich geht es vielen von uns. Wir wissen genau, wie wichtig es ist, Zeit- und Entspannungsinseln aktiv zu nutzen, dennoch bleibt es oft beim Vorsatz und wir versäumen die Umsetzung.

Shinrin Yoku auszuprobieren kann Dir als Methode mit viel Freiheit und Variationsmöglichkeiten zeigen, wie Du entspannen und auftanken zugleich kannst. Oft ist es für uns motivierend, etwas Neues auszuprobieren. Aus der Gehirnforschung wissen wir, dass Neues oft einen höheren Effekt hat, da Geist und Körper noch nicht daran gewöhnt sind. Vielleicht bist Du auch Führungskraft und möchtest das Waldbaden mit Deinen Führungsaufgaben verknüpfen, so dass auch Dein Team profitiert?

Wie ich zum Waldbaden kam

Shinrin was? Die Studentin am Telefon fragte, ob es ok sei, wenn sie ihre Hausarbeit über Shinrin Yoku schreibt. „Ja klar! Das hört sich interessant an", antwortete ich souverän und tat so, als wüsste ich ganz genau, worüber sie sprach, während ich parallel auf meinem Handy suchte, was dieses Shinrin wohl ist. „Waldbaden" kam prompt die verlässliche Antwort der App. Das hatte ich vage schon mal gehört. „Bringen Sie auch persönliche Erfahrungen und Erkenntnisse ein", riet ich der Studentin und wir beendeten das Gespräch. Da hatte es mich gepackt, ich saß da mit Herzklopfen und strahlenden Augen: durch eine simple Sucheingabe hatte mich der „Waldbaden Virus" erwischt. Das Thema lässt mich seit diesem kurzen Gespräch vor einigen Jahren nicht mehr los.

Als Psychologin, Coach und Karriereberaterin habe ich mit Klienten immer wieder über diesen Moment gesprochen, wenn man merkt: „Wow, hier bin ich richtig. Das ist meins!" Auch jetzt noch, während ich dies schreibe, habe ich dieses Gänsehautgefühl. Aufgewachsen in einem Lehrerin-Arzt-Elternhaus ist mir das Interesse an lebenslangem Lernen und an Gesundheitsthemen quasi in die Wiege gelegt. Neues kennenzulernen hat mich schon immer begeistert. Als ehemalige Führungskraft in der Personalentwicklung fasziniert es mich zudem, bei Menschen Potenziale zu erwecken und sie auf ihrem Weg zu begleiten.

Die Studentin gab eine sehr gute Arbeit ab und motivierte mich dadurch zu meinen ersten eigenen Waldbaden-Selbsterfahrungserlebnissen. Ich besuchte ein paar Kurse, ließ mich anleiten und ausbilden und schließlich zertifizieren, war offen und neugierig und wende seitdem die Methode nicht nur für mich selbst, sondern auch mit meinen Beratungs- und Coachingklienten an. Da ich bereits als Kind viel Zeit im Wald verbracht habe, mit der Familie, mit Freunden oder allein, spielend oder später auch lernend auf einem Hochsitz oder einer Decke mitten im Wald, fühle ich mich im Wald immer geborgen, sicher, beschützt und geerdet. Ich weiß, dass das nicht jedem so geht, dazu mehr im Kapitel „Allein im Wald? Ängste und andere Bedenken".

Was ist das Besondere am Waldbaden?

Der japanische Professor Yoshifumi Miyazaki, der das Waldbaden wissenschaftlich erforscht, bringt es auf den Punkt, in dem er sagt: „Mit Shinrin Yoku kann man keine Krankheiten behandeln, es kann aber durchaus eine vorbeugende medizinische Wirkung haben, die eine Erkrankung weniger wahrscheinlich macht." (Miyazaki, Y.; Shinrin Yoku - Heilsames Waldbaden, Irisiana Verlag 2018, S.12). Es geht demnach um Prävention. Miyazaki verweist auf Untersuchungen, die belegen, dass Waldbaden hilft, Stress abzubauen, nach überstandener Erkrankung zu genesen, einen ausgeglichenen Blutdruck zu bekommen, die Konzentration zu verbessern und vieles mehr.

Beim Waldbaden tauchen wir absichtslos ein in die Atmosphäre des Waldes. Absichtslos heißt hier auch achtsam. Wir nehmen mit allen Sinnen bewusst und ohne zu bewerten wahr, was gerade ist und lassen es auf uns wirken. Wichtige Elemente sind dabei Entschleunigung, Stille, Schweigen, sich seiner Sinne bewusst sein. Und damit unterscheidet sich Waldbaden von sonstigen Aktivitäten, die wir im Wald ausüben. Es hat nichts mit sportlicher Leistung, Rundenzeiten, Wandern, Schritte zählen, Trimm Dich Pfad oder angeregtem, lauten Gespräch und auch nichts mit Pflanzenbestimmung zu tun. Im Gegenteil! „Den Namen des Baumes kannte ich nicht, doch ich badete in seinem süßen Duft" zitiert Miyazaki den bekannten japanischen Dichter des 17. Jahrhunderts Matsuo Bashō (Miyazaki, 2018, S.7). Schalte also den Kopf aus und genieße das, was der Wald Dir anbietet.

Die Autorin beim Eintauchen in den Wald (© Silke Rusch)

Erlebe dabei, wie entspannend es sein kann, als Vielbeschäftigter hier keinem äußeren Ziel nachzujagen, sondern einfach zu sein. Zu atmen, sich Deiner Sinne bewusst und ruhig zu werden.

Beim Waldbaden achte ich darauf, den Wald nicht zu schädigen. Arbeite ich kreativ (siehe z.B. die Kreativübung unter „Entschleunigung"), nehme ich nur Material, das bereits lose am Boden liegt und das der Wald mir anbietet. Ich reiße nichts von Ästen ab. Ich gehe nur dann ins Unterholz, wenn mir dies von Seiten des Forstamts erlaubt ist, ansonsten bleibe ich auf den angelegten Wegen, die sich breit oder schmal durch fast alle unsere Wälder winden. Es lohnt sich, auch mal die kleineren Wege einzuschlagen, oft führen sie zu Lichtungen oder Baumgruppen, in deren Nähe ich dann für besondere Übungen meine mitgebrachte Unterlage ausbreite und noch tiefer in völliger Entspannung eintauchen kann. Ich hinterlasse auch keinen Abfall und nehme alles Mitgebrachte wieder mit. Begegnen uns Tiere im Wald sind wir respektvoll und wahren den Abstand. Beim Waldbaden solltest Du auch nicht rauchen oder Musik hören.

30% der Bodenfläche in Deutschland ist bewaldet, jeder kann ein kleineres oder größeres Waldgebiet in seiner Nähe finden. Zunehmend ist der Wald jedoch durch den Klimawandel, Umweltverschmutzung und Plagen wie z.B. den Borkenkäfer beschädigt. Holz ist ein sehr wertvolles Gut - auch deshalb sind wir achtsam im Wald und tragen dazu bei, dieses Gut möglichst für kommende Generationen zu erhalten.

Tipps für den Einstieg

Ein Waldbad ist anders als ein Spaziergang im Wald. Es macht daher Sinn, sich beim ersten Waldbad von einer erfahrenen Person begleiten zu lassen. Du wirst Dir so über den Ablauf bewusster und lernst, Deine Sinne zu öffnen. Es gibt auch bereits kleine Bücher mit Übungen, die Du mitnehmen könntest oder Kartensets, die Dir Übungen aufzeigen und den Einstieg erleichtern.

Wenn ich mit Dir zum ersten Mal in den Wald gehe, überreiche ich Dir gleich zu Beginn ein ausgedrucktes Rezept „Zutatenliste zum Waldbaden". Wir starten mit einem bewussten Ankommen, machen zusammen eine angeleitete Atemübung, lernen langsam und schweigend zu gehen, führen gemeinsam oder allein die Übungen durch, reflektieren bei einem kleinen Mahl (das Essen an der frischen Luft besser schmeckt, hat sicher jeder schon einmal erfahren), teilen unsere Erlebnisse, schlendern weiter, lassen uns treiben und kehren nach einem zwei- bis dreistündigen Aufenthalt gelassen, erfüllt und entspannt zum Ausgangspunkt zurück. Wir nehmen die Terpene der Bäume, die Botenstoffe, mit denen sie auch untereinander kommunizieren, durch Einatmen und durch Aufnahme über die Haut auf. Diese entfalten vor allem nach einigen Stunden ihre volle Wirkung und stärken unser Immunsystem (siehe dazu z.B. Schuh, A. & Immich, G.; Waldtherapie, Springer-Verlag 2019). Je länger wir also in der Atmosphäre des Waldes verweilen, umso besser. Auch kürzere Aufenthalte tragen jedoch zur bewussten Entspannung bei und sind vielleicht genau das, was Du im Alltag realisieren kannst. Wie bei so vielen Methoden kommt es nicht darauf an, es perfekt zu machen, sondern überhaupt!

Zutatenliste

In dieser Liste findest Du zusammengefasst die aus meiner Sicht wichtigsten Zutaten eines Waldbads.

- Bewusstes Ankommen
- Atemübung
- Körperliche Entspannung
- Zeit nehmen
- Schweigen
- Fokus auf einzelne Sinne
- Entschleunigung
- Solozeit
- Bewusster Abschluss

Je nachdem wie viel Zeit wir haben, machen wir einiges länger oder kürzer, lassen etwas weg oder kombinieren die Elemente. Überblicksartig beschreibe ich Dir ein paar einfache Übungen.

<u>Bewusstes Ankommen und Abschließen</u>

Um Dich vollkommen dem besonderen Moment hinzugeben, lade ich Dich ein, sehr bewusst ein Ankommens- und auch Abschlussritual durchzuführen. Das kann zum Beispiel so aussehen: Wir treffen uns am verabredeten Ort und als erstes schalten wir unsere Handys aus oder stellen sie zumindest auf lautlos. Ich fordere Dich dazu auf, ein paar erste Schritte zu gehen und dabei auf dem Boden nach einem Stück Naturmaterial (Stein, Blatt, Ast, Kastanie o.ä.) Ausschau zu halten und es aufzuheben. Dieses betrachten wir in Ruhe. Schon diese allererste Übung bewirkt etwas. Wie ein neugieriges kleines Kind entdecken auch wir das Selbstverständliche neu und betrachten zum Beispiel eine heruntergefallene Kastanie von allen Seiten, nehmen alle Rundungen und Kerben und Farbunterschiede wahr. Eine perfekte Übung, um das Wesen des Waldbadens mit den Händen zu begreifen: Nimm das Besondere im Einfachen bewusst wahr und lasse es auf Dich wirken.

Zurück zum Ankommen. Ich lade Dich dazu ein, beim Betrachten Deines Gegenstands an ein Thema zu denken, eine Begebenheit des Tages oder an einen anderen Gedanken, die bzw. den Du jetzt gerne hinter Dir lassen möchtest. Welchen Gedanken lege ich in dieses Stück Naturmaterial, an welche Begebenheit möchte ich in den kommenden Stunden nicht denken, was lasse ich vor dem Wald zurück? Nachdem Du Dir das bewusst gemacht hast, legst Du den Gegenstand als Stellvertreter dieses Gedankens auf einem Platz am Waldrand ab. Das kann ein Baumstumpf sein oder eine andere Fläche, die Dich anspricht. Beim Abschlussritual kommen wir wieder an diese Stelle zurück, reflektieren noch einmal das Erlebte und entscheiden dann, ob wir den Gegenstand und damit den Gedanken vom Beginn nun wieder aufnehmen oder inzwischen gar nicht mehr brauchen.

Atemübung und Körperliche Entspannung

Im Wald vertieft sich unser Atem automatisch, wir werden ruhiger, die Farben der Natur tragen zusätzlich dazu bei. Um das noch stärker und bewusster zu erleben, führe ich zu Beginn des Waldbades mit Dir ein paar Entspannungsübungen durch. Das können Übungen aus dem Qi-Gong sein oder leichte achtsame Yogaübungen im Stehen. Du verbindest Dich mit Deinem Atem, mit dem Boden, auf dem wir stehen und Deine Sinne öffnen sich dabei. Der natürliche Fluss Deines Atems geht in die Bewegungen des Waldes über. Vielleicht weht ein Wind, Du hörst ein Rascheln, eine Vogelstimme und Dein Atem passt sich an.

Zeit nehmen – Schweigen – Fokus auf einzelne Sinne

Wenn wir weiter gehen, tun wir dies bewusst langsam. Nimm Dir Zeit zum Stehen bleiben, schauen, riechen, schmecken, berühren, fühlen, hören. Ich leite gerne Übungen an, bei denen Du Dich auf Deine einzelnen Sinne konzentrierst. Besonders beeindruckend und bei Teilnehmern beliebt ist dabei die Übung mit dem Bilderrahmen.

Schon wenn ich meinen Teilnehmern ein Passepartout, also einen Bilderrahmen aus Pappe, in die Hand drücke, sind sie begeistert und wissen gleich, was zu tun ist. Durch diesen Rahmen in die Natur zu schauen, ist aus mehreren Gründen ein Erlebnis. Es fokussiert den Blick auf Kleinigkeiten, ermöglicht Kleines groß zu sehen. Ich mache mit den Augen Fotos und würdige die Schönheit und die Vielfalt von Formen und Farben.

Der Rahmen erhöht das Alltägliche und augenscheinlich Unscheinbare zu einem Kunstwerk. Der ganze Wald offenbart sich als Kunstausstellung an frischer Luft. Schweigend zeigen sich die Teilnehmer gegenseitig ihre Bilder und sind wunderbar fokussiert und staunend bei der Sache.

Es gibt viele Varianten dieser Übung, für die wir uns jeweils 20-30 Minuten Zeit nehmen. Manchmal habe ich auch Lupen oder Spiegel dabei oder Papprollen für weitere Übungen mit dem Schwerpunkt Sehen.

Bilderrahmenübung (© Silke Rusch)

So gibt es für alle Sinne Übungen. Gerade im Herbst beliebt sind Riechübungen. Erstaunlich wie manch welkes Stück Ast oder Blatt riecht – oft anders als erwartet. Im Frühjahr hören wir vielleicht vermehrt die Vögel des Waldes, im Sommer begeistert uns das zarte Berühren der Blüten und Blätter am Wegesrand, im Winter fühlen wir die Kälte auf unserer Haut und genießen besonders die Geräusche in der Stille. Dass wir bei Minustemperaturen nicht zu langsam schlendern, ergibt sich dabei von allein, denn wir wollen uns ja wohlfühlen und begrenzen daher im Winter den Aufenthalt so, dass uns nicht zu kalt wird.

Vielleicht bist Du auch offen für eine Meditation in der freien Natur. Es finden sich immer Möglichkeiten, sich bequem dafür hinzusetzen oder hinzulegen.

Entschleunigung – Solozeit

Auch wenn ich mit einer Gruppe in den Wald gehe, planen wir immer auch Zeit allein ein. Du wirst für eine gewisse Zeit einfach für Dich sein, das tun, wozu Du gerade Lust hast, z.B. eine Kreativübung. Hier ein Beispiel: Zu jeder Jahreszeit, außer vielleicht in einem schneereichen Winter, findest Du im Wald viele Farben und Formen am Boden liegend. Sammle verschiedene Naturmaterialien auf und lege sie z.B. in einen aus Ästen gebauten Rahmen und lass sie auf Dich wirken. Betrachte Dein Werk in Ruhe, lass den Atem ruhig fließen, sei neugierig, was Du entdecken wirst. Eine Variante der Übung kann auch sein, zusammen als Gruppe oder Paar schweigend ein Mandala zu legen.

Das langsame Gehen im Schneckentempo oder auch das Verweilen an einem Ort, die damit verbundene Entschleunigung ist für viele zuerst eine Herausforderung. So sehr sind wir es doch gewohnt, durch den Alltag zu hetzen. Wie wohltuend ist es da, einmal nur im Hier und Jetzt zu sein, ohne etwas erreichen zu müssen. Verborgenes in uns darf sich wieder zeigen und wir können durch uns selbst zur Ruhe kommen. Probiere aus, wie langsam Du gehen kannst und was Dir bei diesem Schleichen alles begegnet. In meinem ersten Selbsterfahrungskurs Waldbaden waren wir sechs Stunden unterwegs und haben uns gerade einmal 3km fortbewegt. Das hat mich damals sehr beeindruckt, war ich es doch gewohnt, durch den Wald mit einem flotten 5km/Stunde Schnitt zu laufen.

In der Solozeit bietet es sich an, auch das Baumumarmen einfach mal auszuprobieren als Übung mit Konzentration aufs Tasten, Berühren, Fühlen, Erforschen durch Kontakt. Bäume zu berühren, im Vorbeigehen oder beim Betrachten der Rinde mit einer kleinen Lupe (Geheimtipp: Entdecke den Grand Canyon der Buche!) ist an sich schon beeindruckend, aber tatsächlich kann es noch intensiver sein, einen Baum richtig zu umarmen, also mit beiden Armen zu umschlingen und an ihm zu riechen. So wie Du Dich in die liebenden, schützenden Arme einer vertrauten Person einkuscheln kannst, so versuche, Dich an einen Baum anzulehnen und Dich ihm quasi zu überlassen. Was spürst Du, was hörst Du? Ich habe eine Weile gebraucht, bis ich mich das getraut habe. Irgendwie hatte ich Respekt davor und fand auch, dass es albern aussieht, wenn ein erwachsener Mensch einen Baum umarmt. Wie groß war dann die Überraschung, als ich mich endlich überwinden konnte und drauf eingelassen habe, dass ich mich tatsächlich hauptsächlich geborgen und angenommen fühle. Ich stand für ein paar Minuten eng mit dem Baum umschlungen da und erwischte mich dabei, wie ich auf den Herzschlag des Baumes lauschte. Noch immer ist das Baum umarmen für mich etwas

Besonderes, das ich nur manchmal ganz bewusst und nicht quasi routiniert bei jedem Waldbad mache. Wer Schwierigkeiten hat zur Ruhe zu kommen, kann sich erlauben, es auszuprobieren. Sich an einen Baum anzulehnen, die Stärke des Riesen zu spüren, den Geruch des Baumes ganz nah einzuatmen, den Halt zu fühlen, kann Dir Trost spenden, Dich stützen und stärken. In der Baumrinde befinden sich besonders viele der guten Terpene, die Du durch den unmittelbaren Kontakt dann ungefiltert tief einatmen kannst.

Alle Übungen erfolgen selbst bestimmt; alles kann, nichts muss. Sei aufmerksam auf Dich selbst, spüre Dich, verbinde Dich mit dem Waldboden, nehme wahr, wie Du stehst, wie Du sitzt, liegst oder wie Du gehst und entspanne durch ruhiges Ein- und Ausatmen. Lass die Gedanken fließen, so wie Du es vielleicht aus Yogaübungen, durch Meditation oder dem autogenen Training kennst.

Mit meinen Klienten reflektiere ich kurz nach jeder Übung. Manchmal möchte man das Erlebte in Worte fassen, um sich der Erfahrung noch stärker bewusst zu werden, manchmal ist das gar nicht möglich, denn nicht alle Gefühle lassen sich in Worten ausdrücken. Sich lebendig und wach zu fühlen, überwiegt dann vielleicht. Und manchmal verzichten wir ganz auf Worte, da reicht ein Blick und alles ist gesagt. Auch dieses bewusst zu erleben, ist eine Erleichterung im Alltag der vielen Worte und Informationen.

Utensilien und der richtige Zeitpunkt

Fürs Waldbaden brauchst Du keine Spezialausrüstung oder besondere Kleidung! Hier sind ein paar Tipps, damit Du das Richtige aus Deinem Kleiderschrank und Deinem Haushalt auswählst.

Bevor Du in den Wald gehst, überprüfe die Wetterlage der kommenden Stunden in einer der gängigen Apps und rüste Dich entsprechend angemessen aus. Zieh am besten lange Hosen an, um Kratzern und Zeckenbissen zu entgehen. Die Natur ist bunt, Du darfst es auch sein. Viele Outdoorkleidungsausstatter setzen auf Naturfarben – fürs Waldbaden nimm das aus Deinem Schrank, was Dir gefällt und worin Du Dich wohlfühlst. Denk dran, dass es im Wald meist ein paar Grad kühler ist und dass Du Dich langsam bewegen, Dich hinsetzen oder hinlegen wirst. Zwiebellook ist angesagt.

Sprüh Dich vorher mit Zecken- und Mückenschutz ein und benutze Sonnenschutzcreme. Zieh feste, am besten wasserdichte Schuhe mit Profil an. Manchmal möchtest Du auch barfuß gehen, jedoch kann das für Ungeübte nach einer Weile anstrengend und schmerzhaft werden, auch wenn es bei entsprechender Außentemperatur eine wunderbare Erfahrung ist.

Pack Dir einen kleinen Rucksack. Stecke kleine Müllbeutel ein für Deine Abfälle. Nimm Taschentücher mit sowie eine wasserfeste Unterlage (z.B. ein Stück einer alten Isomatte oder eine beschichtete Picknickdecke). Nimm ein Käppi gegen die

Sonne mit, ausreichend Wasser oder Tee zu trinken und einen kleinen Snack. Als Guide habe ich immer ein Erste Hilfe-Set dabei. Wenn Du allein oder in einer privaten Gruppe gehst, sprecht Euch ab, wer das sicherheitshalber mitbringt.

Vielleicht magst Du auch ein Notizbuch und einen Stift mitnehmen zum Aufschreiben Deiner Gedanken oder für kleine Zeichnungen. Und ja, das Mobiltelefon solltest Du dabeihaben, für den Notfall. Schalte es, wie oben schon erwähnt, jedoch auf lautlos oder ganz aus.

Wenn in den Tagen zuvor ein Sturm oder starker Wind war, ist nicht der richtige Zeitpunkt für Dein Waldbad, da heruntergefallene Äste oder noch lose im Baum hängende Zweige ein Verletzungsrisiko darstellen. Auch bei ruhigem Wetter schaue ab und zu in die Baumkronen, und achte auf die Geräusche von herabfallenden Ästen. Ein erfahrener Guide wird mit Dir nur in den Wald gehen, wenn das Risiko gering ist! Schlägt das Wetter um und es droht z.B. ein Gewitter, brich das Waldbad ab und suche Schutz. Es empfiehlt sich, auch im Sommer eine leichte Regenjacke sowie eine Sicherheitsdecke dabei zu haben.

Für manche Übungen nutze ich leicht zu transportierende Gegenstände wie eine Standlupe, ein Passepartout, einen kleinen Handspiegel, eine Papprolle oder ähnliches. Lass Dich inspirieren, sei kreativ und probiere aus, wie alltägliche Gegenstände im Wald einsetzbar sind.

Aus Sicherheitsgründen informiere ein, zwei Freunde oder Familienmitglieder, wohin Du gehst, und wann Du zurück sein möchtest. Wieder zuhause kontrolliere Deinen Körper, ob sich nicht doch irgendwo eine Zecke festgebissen hat und entferne sie vorsichtig.

Waldbaden im Führungs- und Beratungskontext

Der Wald ist ein komplexes System, das mit Herausforderungen umgeht und versucht zu überleben. Darin gleicht der Wald unserem beruflichen Alltag. Ich empfehle Klienten, die mit einer bestimmten Aufgabe hadern, die einem scheinbar unlösbaren Problem gegenüberstehen oder die schlichtweg in einer bestimmten Situation Unterstützung brauchen, mit dieser Frage bewusst ins Waldbad zu gehen.

Welche Analogie zu meinem Thema drängt sich mir beim Betrachten einer Baumgruppe auf? Wie löst ein Baum sein Problem? Was geschieht, wenn ein benachbarter Baum größer wird, seine Äste quer wachsen und den Lebensraum seiner Nachbarn einschränken? Es ist erstaunlich, wie sich Antworten, die bereits irgendwo in uns schlummern, ans Licht trauen, wenn wir in Ruhe und Gelassenheit die Frage betrachten. Im Freien und durch die Anregung der Natur assoziieren wir manches neu und anders. Ein Effekt, den ich gerne mit einem Beispiel erläutern möchte.

Karriereberatung

Meine Klientin Tina ist Mitte 40 und kommt in die Beratung mit dem Ziel, eine Karriereentscheidung bewusst fällen zu wollen. Sie ist aktuell unzufrieden im Job, möchte einen neuen Weg einschlagen, weiß jedoch noch nicht genau, wie dieser aussehen wird. Nach einigen Stunden Beratung und der Auseinandersetzung mit ihren Stärken, Kompetenzen und Wünschen ist das Bild schon etwas klarer geworden. Doch wie findet sie nun die passende Aufgabe, wo soll die Reise hingehen? Soll sie das interne Angebot des Aufstiegs annehmen oder doch eher dem leise in ihr erklingenden Ruf nach externer Veränderung folgen?

Ich stelle ihr Shinrin Yoku als Methode vor und wir verabreden uns zu einem Waldbad. Dies läuft ganz wie oben beschrieben ab mit dem Unterschied, dass ich Tina immer wieder auffordere, sich ihre Frage innerlich zu wiederholen und bewusst wahrzunehmen, was der Wald ihr anbietet. Wie nah einige Bäume zusammenstehen, wie fein ziseliert ein Blatt ist, aus wie vielen unterschiedlichen Bäumen eine Baumgruppe besteht, die verschiedenen Grüntöne in der Ferne usw... Tina assoziiert dies auf ihre Situation und wir nähern uns in den jeweiligen Reflexionen zur Übung dem Kern ihrer Frage. Plötzlich sieht sie im Wald viele Elemente des gegenseitigen Helfens, des Miteinanders, des Vernetzens. In der Reflexion wird ihr bewusst, dass sie selbst sich viel zu wenig helfen lässt. Zwar ist sie in ihrem Unternehmen gut vernetzt, schätzt den hauptsächlich fachlichen Austausch mit Kollegen, hat jedoch über die Jahre den Kontakt zu ehemaligen Wegbegleitern und Nahestehenden vernachlässigt. Es fallen ihr beim achtsamen Schlendern nach und nach wieder Menschen ein, die sie in ihrer Studienzeit und bei den ersten beruflichen Stationen kennengelernt hat. Wir schreiben die Namen auf und notieren ein Stichwort zur Art der Verbindung. Sie nimmt sich nach unserem Waldbad primär vor, die alten Kontakte, das alte Hilfenetzwerk von früher wieder zu aktivieren. Zuversichtlich, dass dies der richtige Ansatz ist, verabschieden wir uns.

Ein paar Wochen später berichtet Tina im Beratungsgespräch, dass sie sich mit ehemaligen Studienkolleginnen getroffen hat, sie nicht nur einen fröhlichen Abend hatten und viele Gemeinsamkeiten entdeckt haben, sondern dass sich daraus auch wunderbare Möglichkeiten für sie entwickelt haben. Ein gemeinsamer Wochenendtrip der Frauen ist in Planung und das Treffen soll in größerem Rahmen wiederholt werden. Alle haben sich gefragt, warum sie das Miteinander aus den Augen verloren hatten. Basierend auf dem Wissen um ihre Stärken, Kompetenzen und Wünsche konnte Tina die anderen ganz gezielt fragen, wo diese sie sehen würden, was sie in ihr früher gesehen haben, wie sie sie heute wahrnehmen. Sie traute sich, offen und damit auch verletzlich zu sein. Eine aus der Runde rief sie kurz nach dem Wiedersehen an und berichtete ihr von einer freien Stelle in ihrem Unternehmen. Eine Position, die perfekt passt. Mutig, neugierig und zuversichtlich tritt Tina diese Aufgabe nun an. Das Waldbad hat sie in der Erkenntnis bestärkt, dass andere sie unterstützen wollen, dass sie sie ein Stück weit tragen können. Dass sie sie so annehmen, wie sie ist. Eine Feststellung, die wir in der Beratung unter Umständen auch ohne ein gemeinsames Waldbad gehabt hätten. Durch das Waldbad flog ihr die Erkenntnis jedoch mit Spaß und Leichtigkeit zu. Dass Shinrin Yoku auch in einer Gruppe großen Spaß machen kann, zeigt ein weiteres Beispiel.

Teamentwicklung

Die Gruppe wartete auf mich an der verabredeten Stelle. Von der Führungskraft hatte ich im Vorgespräch erfahren, dass es ein Team aus ganz unterschiedlichen Persönlichkeiten ist, die meistens sehr gut zusammenarbeiten, die sich ab und zu aneinander reiben, dass es dadurch immer wieder auch zu Konflikten kommt und vor allem, dass es seit den Pandemiejahren und den damit veränderten Rahmenbedingungen der Zusammenarbeit an gemeinsamen positiven Erlebnissen fehlt. Da sich die Gruppe nach wie vor in einem geschlossenen Raum zusammen nicht wohlfühlte, entstand die Idee für ein Outdoor-Event und so kam ich als Expertin für Führungsthemen ins Spiel.

Um allen Gruppenmitgliedern gerecht zu werden, sollte die Gruppe nicht zu groß sein. Beim Ankommen schauten mich 12 Personen neugierig an und wir starteten mit einem Ankommensritual und einer Erläuterung zu Shinrin Yoku. Ich verteilte meine Zutatenliste und beschrieb die verschiedenen Phasen. Alle Übungen leitete ich an und lud die Teilnehmer zum Mitmachen ein. Bei Teamentwicklungsevents geht es zum einen darum, die anderen Mitglieder besser kennenzulernen, zum anderen auch darum etwas Gemeinsames zu erleben, etwas das das Team zusammenschweißt und für Kommendes resilienter werden lässt.

Dies geschah hier vor allem durch die Reflexion nach den einzelnen Übungen und dadurch, dass einiges in unterschiedlicher Zusammensetzung zu zweit oder dritt gemacht wurde. Sich in friedlicher, natürlicher, ungezwungener Umgebung zu begegnen, war für dieses Büroteam etwas komplett Neues. Jeder brachte sich entsprechend seiner Persönlichkeit ein und wurde sichtbar. Die Schnelle hatte Mühe langsam zu gehen und schaffte es schließlich durch die Begleitung einer Kollegin. Der kritische Experte konnte die Stille sehr genießen und berichtete, dass das schweigende Schlendern ihm das Ausschalten der Gedanken ermöglichte. Die Neue, die bisher alle nur vom Bildschirm kannten, war besonders kreativ. Der Erfahrene machte die überraschendsten Wahrnehmungen mit der Lupe und entdeckte kindlich erfreut eine neue Welt. Sich darüber auszutauschen und die Erkenntnisse der anderen zu hören, empfand die Gruppe als sehr bereichernd.

Übung für je zwei Teammitglieder in einem öffentlichen Park (© Silke Rusch)

Es wurde viel gelacht und Einige entwickelten Variationen zu von mir vorgeschlagenen Übungen, was die Erfahrung für sie noch bedeutsamer machte. Ein gemeinsames Picknick an einer Schutzhütte, die ich vorher als Zwischenziel ausgewählt hatte, empfanden alle als lecker und genossen die ungezwungene Atmosphäre.

Die Teamleitung freute sich an diesem Tag besonders über die Leichtigkeit, die im Miteinander spürbar war und dass alle zum Gelingen des Events beitrugen, einfach dadurch, dass sie dabei waren und sich offen zeigten für etwas Neues.

Beim Abschluss fassten sie das Erlebte noch durch ein gemeinsames Mandala aus Naturmaterialien zusammen und hielten es stolz fotografisch fest. Wie mir später berichtet wurde, ziert das Bild bei vielen den Schreibtisch im Homeoffice und hängt auch im Besprechungsraum als Erinnerung für das

Wesentliche, das dieses Team auszeichnet. Variation, Natürlichkeit, Authentizität, Wachstum waren die zentralen Begriffe, mit denen sich das Team beschrieb. Drei gemeinsame Stunden im Wald, effektiver und nachhaltiger wirkend als ein Teammeeting im Büro! Besonders freut es mich, dass die Teamleitung dazu übergangen ist, Mitarbeitergespräche nun ab und zu beim Schlendern im Wald zu führen. Auch dies ist für beide Seiten ein Gewinn.

Allein im Wald? Ängste und andere Bedenken

Wichtig für die Entspannung im Wald ist, dass Du Dich sicher fühlst. Wenn Du Bedenken hast, Dich allein und zudem nicht in sportlicher Betätigung im Wald aufzuhalten, dann nimm Dir eine Begleitung mit. Viele, die so wie ich einen Hund haben, denken sich, na, dann nehme ich halt den Hund mit. Das ist keine gute Wahl, denn richtig entspannen kannst Du nicht, wenn Du den Bedürfnissen Deines Hundes, den Du zudem im Wald immer angeleint hast, gerecht werden musst. Also lass den Hund dieses Mal zuhause und lade einen Guide, eine Freundin oder einen Nachbarn zum Waldbaden ein. Auch solltest Du, wenn Du eher unsicher bist, ein Waldstück auswählen, in dem Du die Wege kennst und weißt, wie schnell Du wieder auf dem Parkplatz o.ä. bist. Es kann auch eine gute Alternative sein, in einen öffentlichen Park zu gehen. Dort werden sich vermutlich weitere Menschen in Deiner Nähe aufhalten. Auch hier gibt es Baumgruppen, die Dir ein Waldgefühl vermitteln und die sich für die Übungen eignen.

Bei manchem kommen im Wald Ängste aus Kindheitszeiten auf. Unterdrücke diese Ängste nicht, aber hinterfrage sie und versuche Dich entsprechend zu verhalten. Lass Dich zu nichts zwingen, sondern entscheide für jede Übung neu, ob Du sie machen möchtest oder nicht. Dies ist auch ein Grund dafür, dass ich zu den Übungen jeweils „einlade". Möchtest Du nicht tief in den Wald hineingehen, dann bleibe in sichtbarer Nähe des Waldrands. Auch dort wirken die Terpene, auch dort gibt es viel zu entdecken und manchmal erzeugen gerade hier die Sonnenstrahlen wunderschöne Lichteffekte. Für diese gibt es im Japanischen sogar ein eigenes Wort: „Komorebi – das Spiel von Licht und Schatten, wenn die Sonne durch die Blätter der Bäume fällt" (zitiert nach Miyazaki, 2018, S.95).

Komorebi (© Silke Rusch)

Du hast ein Mobiltelefon dabei, und möchtest es für die Wegführung nutzen, vermutest jedoch, dass das Netz im Wald schwach oder gar nicht vorhanden ist? Dann mach Dir vorher von der geplanten Route einen Screenshot. So kannst Du auch ohne Netzempfang das Bild überprüfen. Es gibt auch immer noch Landkarten, die Dir in einem geeigneten Maßstab die Umgebung zeigen. Einen Kompass hatte früher jeder Wanderer dabei. Vielleicht hast Du einen, dann nimm ihn mit und lass Dir gegebenenfalls vorher noch einmal erklären, wie man diesen nutzt. Auch für derartige Fertigkeiten gibt es kurze Tutorials.

Mancher fühlt sich auch nicht mobil oder fit genug für ein Waldbad. Dann wähle nicht nur passende Begleiter aus, sondern auch eine zu Deiner Konstitution passende Route. Überprüfe z.B. vorher das Höhenprofil. Einige Wege sind zudem rollstuhlgeeignet. Generell brauchst Du mit körperlichen Einschränkungen nicht auf ein Waldbad und auf die positive Wirkung von Shinrin Yoku zu verzichten. Du kennst Dich selbst am besten und kannst Deine Grenzen einschätzen.

Mein Wunsch für Dich

Sei mutig und erweitere Deine Möglichkeiten. Lass Dir von mir, in einem Wald in meiner oder Deiner Nähe, die Grundlagen von Shinrin Yoku zeigen und nutze die Methode zur Entspannung und zum achtsamen Umgang mit der Natur. Wenn Dir Waldbaden gefällt, plane es in Deinen Kalender ein, z.B. mindestens einmal im Monat oder einmal im Quartal, um den Wechsel der Jahreszeiten bewusst zu erleben. Wir ausgebildeten Anleiter für Waldbaden bieten zudem verschiedene „Retreats“ an. Mein bewährtes Format für Deinen Einstieg sieht so aus: Wir treffen uns nach einem Vorgespräch zweimal für drei Stunden im Wald, unterbrochen von einer mehrwöchigen Pause. Dadurch können wir eine Vielzahl von Übungen machen, sehen den Wald in unterschiedlichen Jahreszeiten, bemerken die Veränderungen und können Entwicklungen verfolgen. Auch vielleicht zu Themen, die Dich oder Euch beschäftigen. Als lebens- und berufserfahrene Psychologin und Coach kann ich auf langjährige Erfahrung mit ganz unterschiedlichen Themen und Herausforderungen zurückgreifen. Davon kannst auch Du oder Dein Umfeld profitieren. Weitere Formate und Termine findest Du auf meiner Webseite.

Über die Autorin

Silke Rusch ist Inhaberin von Rusch Consulting & Coaching, einem Anbieter für ganzheitliche Beratung und Begleitung in beruflichen Veränderungssituationen mit Sitz in Ludwigsburg. Sie wohnt nördlich von Stuttgart und genießt es, dort und auch in ihrer ursprünglichen Heimat Südniedersachsen durch den Wald zu schlendern und Interessierten das Waldbaden näherzubringen.

Silke Rusch ist sowohl zertifizierte Veranstaltungsleiterin für Waldbaden / Shinrin Yoku als auch zertifizierte Karriere- und Outplacementberaterin. Coaching praktiziert die Diplom-Psychologin fortlaufend seit Beginn ihrer beruflichen Karriere. Als Beraterin für die Durchführung von Mitarbeiter-Commitment Studien unterstützte sie Führungskräfte bei der Umsetzung von Befragungsergebnissen zur Mitarbeiterbindung. Als Leiterin Personalentwicklung und Recruiting war Silke Rusch für ein Team mit dem Schwerpunkt europäische Personalentwicklung und Personalauswahl verantwortlich. Interdisziplinäre Teams bei der erfolgreichen Zusammenarbeit zu begleiten, Spezialisten und Führungskräfte und auch die eigenen Mitarbeiter zu beraten, wurde ihr Steckenpferd. Mit Rusch Consulting & Coaching begleitet sie seit 2008 Menschen bei der Erlangung und Erhaltung von Lebensqualität und einem gesunden Work-Life-Blend. Sie führt Outplacement- und Karriereberatungen durch, unterstützt Existenzgründungen, Neuorientierungen sowie auch Transformations- und Mitarbeiterbindungsprogramme. Prävention, Regeneration, Balance und Vitalität als Kernthemen der Gesunderhaltung beeinflussen ihre Arbeit. Im Fokus steht für sie dabei stets die positive, persönliche und berufliche Entwicklung ihrer Klienten. Inzwischen profitieren diese auch von Silke Ruschs Shinrin Yoku Begeisterung.

Kontakt: www.rusch-consulting.de/waldbaden

SCAN ME

NADINE KULASZEWSKI

GESICHTLESEN: DIE GEHEIME METHODE DER GLÜCKLICHEN

Erwecke deine grenzenlose Lebensfreude mit einem Blick in dein Gesicht

Lebensfreude ist ein großer Begriff, umfasst viele verschiedene Facetten und wird oft als Zielzustand eines erfüllten Lebens definiert. Für mich persönlich bedeutet es jedoch weitaus mehr. Nachdem ich lange Zeit nach meiner wahrhaftigen und tiefen Lebensfreude gesucht habe, weiß ich heute, wie wichtig insbesondere unser geistiges, emotionales und seelisches Wohlbefinden ist. Denn dieses wirkt sich auch auf unsere Handlungen, Gedanken und Körperbefinden aus.

Ein unerwünschtes Lebens-Geschenk

Meine innere Leere, empfundene Einsamkeit und immer stärker werdende Erschöpfung haben mich in den vergangenen Jahren dazu gebracht, viele Dinge in meinem Leben zu hinterfragen. Sie haben mir letztlich aufgezeigt, dass ich mich in dem allbekannten gesellschaftlich definierten „erfolgreichen Leben", jedoch wie in einem goldenen Käfig gefangen fühlte. Meine angestrebten Ziele des beruflichen Erfolgs als Führungskraft, die klassische Familiengründung, der Erwerb von Eigentum und dem jährlichen Erholungsurlaub, erfüllten mich widererwarten ganz und gar nicht mit Leichtigkeit und purer Lebensfreude. Stattdessen lagen Ohnmacht und Leere, kombiniert mit Eintönigkeit und Selbstzweifel schwer und unerwünscht auf meinen Schultern. Dies erschuf in mir negative Gedanken und Gefühle, deren Ursache ich lange Zeit nicht klar greifen und deuten konnte. Scham und mein Empfinden „anders zu sein“ blockierten mich zunehmend und vernebelten meinen Tatendrang und optimistischen Blick in die Zukunft. Ich fühlte mich eingeengt und wollte diesen Zustand unbedingt beenden.

Neue Wege erfordern Mut und Neugier

Ich begab mich auf die Entdeckungsreise, wo ich von meinem Herzensweg abgekommen war. Ich wollte herausfinden, in welchen Situationen ich mich verbog und nicht mein wahres selbst lebte.

Selbstkritische Fragen hielten Einzug und begleiteten mich:

- Weiß ich überhaupt, was ich wirklich in meinem Leben möchte, oder sind es „nur“ die Standardwünsche, die jeder auf deiner Lebensliste stehen hat?
- Habe ich mich jemals getraut über meinen Tellerrand zu träumen, unabhängig von Raum, Zeit, Geld und meinen aktuellen Gegebenheiten?
- Kenne ich mich selbst wirklich tief und umfassend samt meinen Ecken und Kanten?

- Bin ich mir tatsächlich bewusst, was meine einzigartigen Stärken und Qualitäten sind, abseits der üblichen Job-Qualifikations-Merkmale und der stereotypischen Eigenschaften als Mutter, Ehefrau und Tochter?
- Sind mir all meine Schwächen bekannt? ...und bin ich bereit diese anzusehen und über Veränderung nicht nur nachzudenken, sondern auch bewusst und nachhaltig umzusetzen?

Mit der Zeit fand ich heraus, dass ich mich bisher immer nur an der Oberfläche mit meinen Charaktereigenschaften und persönlichen Besonderheiten auseinandergesetzt hatte. Mir war nicht bewusst das es mehr gibt – oder hatte ich mich einfach bisher nur nicht getraut?

Eines wusste ich klar: Es ist endlich an der Zeit meine Lebensfreude wiederzuentdecken!

- Was bedeutet für mich Lebensfreude?
- Wie finde ich meine Lebensfreude?
- Welchen Weg soll ich einschlagen?
- Was brauche ich dafür?

Die ersten Schritte Richtung grenzenlose Lebensfreude

Mein Weg führte mich nach intensiver Suche in zahlreichen Gesprächen, Büchern, Podcast und Seminaren zu den verschiedensten Methoden und Ansätzen. Vieles erschien mir sehr oberflächlich, nicht praxisnah oder zeitintensiv. Lange drehte ich mich im Kreis.

Besondere Aufmerksamkeit fiel auf das Gesichtlesen, eine traditionell weltweit angewandte und über die Jahrhunderte in Vergessenheit geratene Methode der Gesundheits- und Persönlichkeitsanalyse. Das Gesichtlesen findet seinen Ursprung unter anderem in China, Griechenland und Europa, wie beispielsweise der Schweizer Arzt Philippus Bombastus von Hohenheim (1493-1541), später bekannt als Paracelsus und Dr. Wilhelm Heinrich Schüssler (1821-1898). Unterschiedliche Anwendungen wie die Antlitz-Diagnostik, Physiognomie, Techniken der chinesischen Siang Mien, Mikro-Expressionen in der Mimik oder der Körpersprache spielen eine entscheidende Rolle.

Die Besonderheit der chinesischen Methode der Siang Mien, ist die Möglichkeit die Talente, bisher unentdeckten Potenziale und Seelenaufgabe, schnell und umfassend zu enthüllen. Wenige ausgebildete Gesichtlese Experten besitzen die Fähigkeit, mit einem Blick ins Gesicht, anhand von aktuellen Profilbildern, innerhalb weniger Stunden eine umfassende Analyse der Charaktereigenschaften und Lebensaufgabe zu erstellen. Dabei werden die einzelnen Gesichtspartien und Merkmale, wie unter anderem Haare, Stirn, Augen, Wangen, Nase, Mund, Kinn, Ohren, etc. einzeln betrachtet, um dann wie ein Mosaikbild aus Einzelteilen zusammengesetzt. Schnell spürte ich, diese traditionelle Technik ist ein wertvolles Puzzlestück auf meiner Reise zu mehr Lebensfreude und Leichtigkeit.

Die Kraft der Bestärkung

Neugierig, hoffnungsvoll und mit leichter Skepsis, was genau mich erwartet, wie intensiv und umfassend die Erkenntnisse über mich sein werden, fieberte ich meiner Gesichtlese-Analyse, dem Facereading entgegen. Und behielt mein Vorhaben erstmal ganz für mich allein. Ich wusste offen gestanden zu diesem Zeitpunkt auch keine treffende Formulierung, wie ich dies meinem Umfeld konkret mitteilen sollte, ohne als merkwürdig abgestempelt zu werden.

In der heutigen Zeit erscheint der Alltag wie ein Wettkampf des Lebens zu sein. Vermeintlich alles scheint sich beruflich und privat um höher, schneller und weiter in materiellen und ideellen Werten zu fokussieren. Im Gesichtlesen übersetzt könnte dies auf die Beschreibung unbekanntes und neues zutreffen. Meine Gesichtlese-Analyse überraschte mich sehr und enthüllte so viel mehr als „nur" Unbekanntes und Neues. Sie war sehr umfassend und gab vielem, was ich bisher nicht konkret benennen konnte eine Zuordnung und Namen. Ich erhielt Kenntnis über meine besonderen Fähigkeiten, konnte meinen Schwächen eine klare Bezeichnung geben, unbekannte Potenziale enthüllen und meine Lebensaufgabe erhielt eine Form.

Am meisten jedoch überraschte mich die Kraft der Bestärkung und die Ermächtigung meine Talente und Schwächen gewinnend leben zu dürfen. Diese Erlaubnis ist ausgesprochen kraftvoll und intensiv, mit weitreichenden Auswirkungen, welche mir erst später in voller Tragweite bewusst wurde.

Warum?

Weil ich endlich die Bestätigung über meine Qualitäten und Stärken erhalten habe, die ich bisher gespürt habe, aber mir nicht erlaubt einzugestehen. Unter anderem, weil ich diese gar nicht als besonders wahrgenommen hatte, wie beispielsweise das Talent der Intuition, des Führens, der Kreativität, der Inspiration, des Verstandes und vieles mehr. Es war für mich nun endlich möglich diese klar wahrzunehmen, was mir Möglichkeit schenkte diese anzunehmen. Erstaunlicherweise konnte ich dadurch zugleich meine Ängste und Zweifel gegen mehr Selbstbewusstsein und klare selbst Bestimmtheit eintauschen. Meine bisherigen Gedanken, Zweifel und Fragen gehören inzwischen meiner Vergangenheit an und rauben mir keine Energie mehr.

Ich verwende KEINE Zeit mehr mit diesen Sorgen und Ängsten:

- Bin ich gut so, wie ich bin? (Bin ich ZU laut, leise, bunt, eckig, neugierig, wissbegierig, aufdringlich)
- Kann ich das? Brauche ich noch mehr Aus- oder Weiterbildungen?
- Schaffe ich das? (vor anderen sprechen, für mich einstehen, NEIN sagen, mich abgrenzen)
- Bin ich kompetent genug? (zum Führen, Anleiten, Vorausgehen, als Mutter)
- Sind meine Entscheidungen und Handlungen richtig?

- Kann ich mich auf mein „Bauchgefühl verlassen?
- Habe ich das gut durchdacht? Was fehlt noch? Was muss ich noch berücksichtigen?
- Was denken die anderen von mir? Beruflich und privat?
- Wie wirke ich auf andere?

<u>Wie ist mir dies gelungen?</u>

Durch eine simple Entscheidung. Der Grundstein war die Entscheidung meine Persönlichkeit – mich selbst - in all meinen bunten Facetten gewinnbringend zu leben. Meine zahlreichen Stärken wie auch meine Schwächen, meine Schattenseiten. **Nach der Entscheidung ist vor der Entscheidung**

Mit der Gesichtlese-Analyse erhielt ich viele wertvolle Erkenntnisse. Ich traf entschieden und klar die Entscheidung, ein gewinnendes Leben zu kreieren. Ich wusste, da wo ich jetzt bin – gefangen im goldenen Käfig, voller Ohnmacht und Leere. Eintönigkeit und Selbstzweifel, negative Gedanken und Gefühle, blockiert vor Scham und mein Empfinden „anders zu sein“, mein fehlender Tatendrang und vernebelter optimistischen Blick in die Zukunft – eingeengt und fremdbestimmt, möchte ich NICHT zukünftig nicht mehr stehen. Nicht in einem halben Jahr, drei Jahren oder fünf Jahren.

Ich war entschlossen diesen Zustand unbedingt zu beenden und wusste, stehen bleiben bedeutet Rückschritt. Also ging ich mutig und entschlossen los. Doch bei den nächsten Schritten war ich auf mich allein gestellt und wusste nicht, wie und wo ich anfangen sollte. Die Gesichtlese-Analyse brachte zu den zahlreichen Erkenntnissen auch unzählige neue Fragen, auf die ich keine Antwort hatte. Somit erwies sich die Umsetzung in den Alltag als eine herausfordernde und intensive Auseinandersetzung mit mir selbst. Es bedurfte ein genaues Hinschauen und analysieren der Erkenntnisse des Gesichtlesen, was anstrengend und schwer war. Es bedurfte eine große Portion Disziplin, Umsetzungswillen und Durchhaltevermögen.

Nach und nach erarbeitete ich mir in mühe Seeliger Arbeit die Bedeutung, Möglichkeiten und unterschiedlichen Perspektiven der Erkenntnisse. Folgende Fragen begleiteten mich fortan in meinem Alltag – beruflich und privat:

- Was bedeuten meine Stärken und Talente, übersetzt in meinem Alltag?
- Wo kann ich sie bewusst mehr in mein Leben integrieren?
- Was sind meine bisher enthüllten Potenziale?
- Was bedeuten diese und wie lebe ich sie gewinnbringend?
- Was sind meine Schwächen?
- Warum blockiere ich mich selbst damit?
- Wie kann ich meine Schwächen gewinnend leben?

Meine Gesichtlesen ergab unter anderem die Intuition als ein Talent von mir, was mich überraschte, denn für mich war die Intuition bis zu diesem Zeitpunkt keine besondere Fähigkeit. Mein neu erworbenes Talent stellte mich vor unerwartete Herausforderungen: Was ist Intuition? Wie empfinde ich Intuition? Wo im Alltag lebe ich Sie? Wo lebe ich meine

Intuition nicht? Wie kann ich sie zukünftig bewusst und regelmäßig einbringen? Sprich: Wie kann ich aus diesem Talent bewusst meine Kraftquelle kreieren? ... so umfangreich und kompliziert hatte ich mir die Umsetzung in den Alltag nicht vorgestellt. Dennoch hatte ich mein klares Ziel vor Augen: raus aus der Ohnmacht & meinem Hamsterrad und rein in die pure Lebensfreude und Leichtigkeit.

<u>Kennst du das?</u>

Spürst du den Wunsch dich im Alltagsgeschehen lieber zurückziehen, Kraft zu tanken und zur Ruhe kommen, statt weiter deinen straffen Tagesablauf abzuarbeiten, deiner „to do" Liste nachzujagen, Haushaltsaufgaben zu erledigen und für alle und jeden allzeit zur Verfügung zu stehen? Ja, statt nein zu sagen? Stellst du dich regelmäßig hinten an und nimmst deine eigenen Bedürfnisse nicht so ernst? Du schenkst deiner inneren Stimme keinen Raum und spulst deine bekannte Strategie ab, ganz nach dem Motto: Ich muss..., Ich hab keine Zeit..., Ohne mich läuft nichts... Doch mal ganz ehrlich: Schenkt dir dieses Verhalten Energie und Leichtigkeit? Ist die pure Lebensfreude für dich?

Alarmsignal: mangelnde Lebensfreude und Leichtigkeit

Emotionales Unwohlsein und körperliche Beschwerden darfst du besondere Aufmerksamkeit schenken, indem du achtsamer mit dir selbst umgehst und viel häufiger bewusst in dich hineinspürst. Wie oft hat dich beispielsweise schon eine Erkältung oder plötzliche Verletzung aus der Bahn geworfen, wenn dein Körper oder dein Geist einfach mal eine Ruhepause brauchten? Ab und zu müssen wir einfach innehalten, um neue Kraft zu schöpfen oder um zu reflektieren, was vielleicht gerade unrund läuft und was wir verändern dürfen. Dich selbst in all deinen Facetten -Stärken und Schwächen, tief, klar und authentisch zu kennen ist der Grundstein. Ich begann nach meiner Gesichtlese-Analyse die Talente und Schattenseiten Schritt für Schritt zu beleuchten und begann sie gewinnbringend in mein Leben zu integrieren.

Am Anfang stand eine klare Entscheidung: mehr Lebensfreude und Leichtigkeit. Ich wählte mutig mein Gesichtlesen und entschied, die Erkenntnisse gewinnbringend zu leben! Dies setzte meine Entwicklung und ganz individuellen Prozess, voller Energie und Kraft in Gang, dessen positive und großartige Wirkung ich bei weitem unterschätzt hatte.

Und die Lebensaufgabe?

Die fühlte sich alles andere als leicht und unbeschwert an. Ehrlich gesagt war es schwierig nachzuvollziehen, was sie tatsächlich hier im realen Leben bedeutet und wie ich diese ein zu eins in meinem Alltag umsetzen kann. Doch ich hatte eine Entscheidung getroffen und ein klares Ziel vor Augen. Meine Ausrichtung ist klar und der Weg findet sich durch Ausprobieren – spielerisch und frei.

Genieße ich meine Lebensfreude und Leichtigkeit?

Eindeutig: JA! Der Weg war steinig und mühsam, voller Erkenntnisse und herausfordernder Entscheidungen – alle im Sinne meiner Talente und Potenziale! Die Energie, die dadurch entsteht, ist unglaublich kraftvoll, das Vertrauen in mich und meine Fähigkeiten magisch. Ich lebe bewusst meine Talente, sinnhaft und selbst bestimmt. Damit ebne ich meinen Weg für meine Lebensaufgabe, welche eine Reise ist – ohne Endziel, dafür voller Energie und Leichtigkeit. Ich integriere meine besonderen Fähigkeiten dauerhaft und nachhaltig in meinen Alltag und erschaffe mir selbst meine Kraftquelle für pure Lebensfreude!

Selbst-Test: Trägst du zu viel Ballast auf deinen Schultern?

Unser Gesicht verändert sich mit den Jahren und spiegelt uns somit unsere Lebenserfahrungen – die schönen und prägenden, deutlich auf. Das Gesicht verändert sich im Laufe unseres Lebens ca. 3-4-mal und erzählt unsere ganz eigene Persönlichkeit und Geschichte. Die Veränderungen im Gesicht sind sehr deutlich im Vergleich an Fotos aus unserem unterschiedlichen Alter und Lebensphasen erkennbar.

<u>Selbst-Test: Deine Gesichtsveränderung</u>

Suche Fotos in unterschiedlichen Altersstufen von dir heraus, auf denen dein Gesicht deutlich erkennbar ist.

Empfehlenswert: als Kind ca. 7-10 Jahre und jedes weitere Jahrzehnt: 20 Jahre, 30 Jahre, etc.

Betrachte die einzelnen Bilder dem Alter nach aufsteigend und achte auf die Unterschiede. Lege dein Augenmerk auf deine Haarstruktur, Frisur, Gesichtsform und einzelne Merkmale wie Augen, Augenbrauen, Nase, Wangen, Ohren, Mund und Kinn.

- Was hat sich verändert – Form, Größe, Ausprägung?
- Sind Muttermale und Falten dazu gekommen?
- Was fällt dir noch auf?
- Wie hat sich dein allgemeiner Ausdruck verändert?

Jede Gesichtspartie und Merkmal hat seine eigene Bedeutung und ergibt wie zahlreiche Mosaiksteine zusammen gefügt DICH als Gesamtbild. Dein Gesicht erzählt somit deine eigene Geschichte – die du zu jederzeit bewusst gewinnend oder verlierend leben kannst! Es ist eine Entscheidung! Es ist DEINE Entscheidung.

<u>Trägst du mehr Verantwortung im Alltag - beruflich und privat, als dir guttut?</u>

Einzelne Merkmale geben Aufschluss auf Lebensweisen, Gewohnheiten oder angeeignete Schutz-Strategien, die uns Kräfte rauben und Energie ziehen. Im Zusammenspiel und ganzheitlich betrachtet lassen sich Rückschlüsse auf unser geistiges, emotionales und seelisches Wohlbefinden ziehen. Denn diese Balance oder Ungleichgewicht wirkt sich auf unsere Handlungen, Gedanken und Körperbefinden aus. Betrachte dein Gesicht im Spiegel und lege dein Augenmerk auf den Nasenbereich zwischen deinen Augen. Ziehe deine

Augenbrauen zusammen und beobachte, ob du an dieser Stelle deiner Nase eine Querfalte entdecken kannst?

Hinweis: ein gerader Strich von Auge zu Auge, quasi eine Verbindungslinie.

Du hast diese Linie nicht, ist dies ein Anzeichen dafür, dass du eine ausgewogene Balance zwischen deiner Verantwortung und zahlreichen Aufgaben, die du dir zusätzlich aufbürden könntest, lebst. Achte weiterhin darauf, dass dies im Gleichgewicht bleibt und wofür du deine Energie aufwendest, Haushalte sorgsam damit.

Ja, trägst du diese Linie, dann erhältst du hier die Bedeutung:

Im Gesichtlesen nach den traditionell chinesischen Überlieferungen der Siang Mien, gibt dieses Merkmal Aufschluss darüber, dass zu viel Last auf den Schultern des Lebens getragen wird. Mehr Aufgaben, Verpflichtungen und Verantwortung werden beruflich und privat übernommen, als höchstwahrscheinlich notwendig sind.

Gerne darfst du dich fragen:

- In welchen Bereichen deines Lebens kannst du Ballast abgeben, dein Umfeld zu mehr Selbstverantwortung anspornen und dir Unterstützung erlauben?
- Welche Aufgaben übernimmst du für andere?
- Was ist besonders anstrengend und kostet dich deine Kraft?

Achtung Trigger-Frage:

Achtest du genauso achtsam und liebevoll auf dich selbst, wie auf dein Umfeld? Dein Gesicht verrät klar und authentisch – ohne jeglichen Filter, welche persönlichen Stärken und Schwächen sowie Situationen in deinem Alltag – beruflich und privat, du gewinnend oder verlierend lebst.

Kreiere deine Kraftquelle mit deinen Talenten und unentdeckten Potenzialen

Was wäre für dich möglich, wenn auch DU deine ganz individuellen Stärken, deine Besonderheiten als auch deine Schattenseiten und Schwächen kennenlernst und dich entscheidest sie ab JETZT gewinnbringend zu leben? Was wäre für dich möglich, deine einzigartigen Qualitäten zu enthüllen, in Gänze zu sehen, annehmen zu können und ganz bewusst und sinnhaft in deinen Alltag zu integrieren? Was wäre möglich, wenn du deine Talente als deine ganz persönliche Energie-Quelle aktivieren kannst, um an jedem Tag, zu jeder Zeit und an jedem Ort daraus Kraft und Elan zu generieren – für mehr Lebensfreude und Leichtigkeit, beruflich und privat!

Wenn du jetzt in den Spiegel schaust, siehst du nur ein Gesicht. Ich erkenne dein wahres ICH. *(Nadine Kulaszewski)*

Als ausgebildete Expertin im Gesichtlesen lese und übersetzte aus deinem Gesicht deine ganz individuellen Besonderheiten und begleite dich auf dem Weg die Erkenntnisse in deinen Alltag zu übersetzen. Ich bin den Weg gegangen und kenne all die Tipps und Tricks, Strategien und Stolpersteine, um deine Talente und Potenziale bewusst gewinnbringend in den Alltag zu übersetzen. Deine Lebensaufgabe sinnhaftes und selbst bestimmt zu leben - nachhaltig und dauerhaft.

Durch meine umfassenden Ausbildungen als Coach und Trainerin unterstütze ich dich die Kraft der Emotionen zu verstehen und eröffne dir dadurch deinen einzigartigen und neuen Weg in deine tiefe Lebensfreude – dauerhaft, intensiv und nachhaltig. Enthülle mit meinem Gesichtlesen deine Talente und unentdeckten Potenziale, um damit den Grundstein zu legen, deine Seelenaufgabe in Fülle zu leben und genießen – tief, authentisch und klar.

Wie lange möchtest du noch auf deine grenzenlose Lebensfreude verzichten und deine Energie unbewusst verschwenden?

Gesichtlesen: Dein Game-Changer für pure Lebensenergie! Es ist alles (d)eine Entscheidung.

Über die Autorin

Nadine Kulaszewski ist ausgebildete Expertin im Gesichtlesen und Coach für ambitionierte Frauen, die das MEHR vom Leben wollen. Aber das war aber nicht immer so: Noch vor wenigen Jahren im Beruf als Führungskraft mit viel zu vielen Aufgaben belastet, nicht wertgeschätzt und für all das völlig unterbezahlt, war sie trotz ihres äußeren Erfolges innerlich zerrissen und unglücklich. Sie hatte sich selbst verloren und wusste keinen Ausweg. Durch einen Zufall fand sie zum Gesichtlesen – Mimik & Persönlichkeitsanalyse. Das war ihr Game-Changer!

Als eine der gefragtesten Gesichtleserinnen im DACH-Raum und zertifizierter Emotionscoach fördert Nadine all die Talente und das volle Potenzial ihrer Klientinnen ans Licht - auch das bisher verborgene - um ihnen, gepaart mit exzellentem Coaching, zu einem wahrhaft glücklichen und vor allem erfüllten Leben zu verhelfen. Denn sich selbst zu erkennen und wahrhaftig zu leben, ebnet ihren Klientinnen den Weg in eine goldene Zukunft, sowohl beruflich wie privat.

Kontakt:

Website: https://nadine-kulaszewski.com/

Facebook-Community:

https://www.facebook.com/groups/gesichtlesen

SCAN ME

ÜBER DIE HERAUSGEBERIN

Bettina Behrens ist Unternehmerin, Unternehmensberaterin und Expertin für Smart Sales – das smarte online Verkaufen. **Ihr Motto: „Mache es einfach, unkompliziert & mit viel Freude".**

Sie unterstützt ihre Kundinnen & Kunden mit ihren Workshops, Coachings und online-Kongressen. Bettina lebt im Sauerland & in Bielefeld, von wo aus sie neue online-Aktionen für ihre Online-Kongress Academy kreiert.

Website: www.bettina-behrens.com

SCAN ME

Copyright und Haftungsausschluss

HAFTUNGSAUSSCHLUSS

Alle Angaben und Daten nach bestem Wissen, jedoch ohne Gewähr für Vollständigkeit oder Richtigkeit. Dieses Buch ist gestaltet, um Informationen in Bezug auf die jeweiligen Themen weiterzugeben. Es ist Zweck dieses Buches zu unterhalten und weiterzubilden. Es wird unter der Voraussetzung verkauft, dass weder die Autorinnen noch die Herausgeberin eine medizinische oder psychologische Beratung durchführen. Dieses Buch enthält Links zu Seiten im Internet, die im Januar 2023 sorgfältig geprüft wurden. Weder die Herausgeberin noch die Autorinnen haben Einfluss auf alle Inhalte der verlinkten Seiten. Ausschließlich der Anbieter der verlinkten Seite haftet für deren Inhalte. Diese Erklärung gilt für alle verlinkten Seiten in diesem Buch. Weder die Herausgeberin noch die Autorinnen haften für Fehler oder

Schäden, die direkt oder indirekt durch dieses Buch verursacht werden.

Printed in Poland
by Amazon Fulfillment
Poland Sp. z o.o., Wrocław

18047596R00118